中外人文精神研究

(第十五辑)

主编 孙伟

社会科学文献出版社
SOCIAL SCIENCES ACADEMIC PRESS (CHINA)

北京市社会科学院系列皮书
编辑工作委员会

主　　任　唐立军　朱柏成

副 主 任　鲁　亚　赵　弘　杨　奎

办公室主任　谭日辉

成　　员　（按姓氏笔画为序）

　　　　　马胜杰　尤国珍　包路芳　刘　波　刘仲华

　　　　　孙　伟　杨　松　张真理　陆小成　施昌奎

　　　　　袁振龙　郭万超　唐　鑫　常越男

主　　　编：孙　伟

编委会成员：程倩春　王玉峰　王双洪

　　　　　　王　杰　李婉莉　王文军

　　　　　　方　圆　张　静

目 录

中西比较哲学

比较哲学的含义和境界 ………………………………… 张祥龙 / 3
一个比较哲学探究的元方法论框架：论方法论引导原则之
　适当性条件 ………………………… 牟　博著　张　静译 / 9
劳埃德古代文明比较研究的方法论原则 ………………… 程倩春 / 32
形而上学何以实现？
　——基于亚里士多德灵魂观与荀子心论的比较考察 …… 孙　伟 / 44
略论20世纪中西哲学会通的几种形式 …………………… 王玉峰 / 58

中华精气神

"性命之辨"与"性伪之辨"
　——再论孟、荀人性论之争非"人性善恶"之争 ……… 路德斌 / 83
荀子人性论及其思想来源 ………………………………… 张　静 / 95
论儒教"宗教性"问题
　——基于概念的考察与反思 ……………………………… 王文军 / 112
关于李贽的佛学思想 ……………………………………… 王　杰 / 125

论西周社会中礼的意义及其崩坏 ················· 徐　羽 / 138

西洋精华

《论古人的智慧》绎读 ························· 王双洪 / 157

文明社会中的自然人

　——卢梭的教育思想研究 ··················· 李婉莉 / 172

再谈朱光潜《文艺心理学》中的"直觉

　与联想"问题 ····························· 方　圆 / 189

| 中西比较哲学 |

比较哲学的含义和境界*

张祥龙**

首先,我来谈一下"比较是哲学的宿命",真正的哲学是躲不开比较的。如果我们像西方传统所理解的那样,认定哲学是一种纯粹概念化的思维活动,那确实,比较没有多大的意义。因为这时人们所面对的都是类似科学的问题,所以有很多英美哲学研究者对哲学史不屑一顾,认为哲学就是要像科学那样解决有明确边界的问题。而在科学研究中,拿牛顿力学和亚里士多德物理学进行比较,在流行的科学视野中,对于物理学本身的进展没有意义。要尽快进入当代物理学的前沿,有教科书和实验训练就行了嘛。这样来看待哲学的话,比较没有意义,哲学就是一门科学,甚至是所谓科学的科学。这样的哲学与负荷人间价值关怀的"人文精神"也无深层的关系。但在我看来,哲学不是这样的情况。

按照近代科学的标准,哲学从来没有成为过科学,即便它自认为是科学王。康德也讲过,曾被看作科学女王的哲学如何被查出其"出

---

* 本文是张祥龙老师 2021 年 9 月 18 日在北京市社会科学院哲学研究所与北京大学哲学系联合主办的"新时代哲学的使命与担当:中国特色哲学社会科学话语体系与理论体系的构建"学术研讨会上的演讲整理稿,已经张祥龙老师校读审定,感谢方圆博士的整理。——编者注

** 张祥龙,北京大学哲学系教授,主要研究方向为东西方哲学比较、西方现代哲学(现象学)、儒家哲学等。

身"有问题，最后被逐出她的领地。实际上，演绎科学如数学的确有它自身的形式化标准，而自然科学还要加上针对理论预测的实验。一次又一次，西方哲学追求这种科学。可实际上，也就是穿上了一件皇帝的新装，在某种意义上就是自欺欺人，所以西方大哲学家一再慨叹哲学经过千百年的发展，还是各说各的。由此看来，哲学已经不能再在自身之中作为一个自立的研究实体而存在，而必须"王顾左右而言他"，在和其他学科与精神活动——包括其他文化中的异样哲学——的交融、相互借鉴中，尤其是从人的实际生活经验、从时代的潮流中，得到自己的问题意识和启发人的真理。所以在我看来，哲学的最大功用不是找到科学化的永恒真理，而是引发新的思路，生育出那些逐渐不属于她的子女。对于西方哲学和中国哲学的历史而言，都是这样的。哲学的确激发出了各式各样的科技、神学、艺术、政治、社会，等等，所以在我看来，哲学是没有自己严格的研究范式的——就像我们所讲的科学那样的一个常规研究范式。但是我认为它也有一个柔性的范式，不是可以随便讲的。它的生命力主要是在于一种范式间性（the inter-paradigmatic）。

其次，我讲一下"比较"的含义。比较有很多意思，我把它很简单地概括为三个。第一个是原发的比较。就是说，在对比中生发出新的意义、新的存在。也就是说，通过对比生发出那被对比的二者中都没有的特性。比如说通过语音所谓区别性特征的对比，升音降音的对比、送气音不送气音的对比，构造出语音来；元音辅音的对比、平声仄声的对比，构造出语义和诗节。上下的对比构造出高度，过去未来的对比构造出时间，阴阳的对比构造出天道。这就是一种发生性的对比。在这种对比中，参与的双方都失去了其本身的独立性，是作为一对中的一个因子或者区别性特征在起作用，从而让新的意义、新的存在涌现。这么看来，比较是人类的宿命。我们要得到意义、要理解，从根本上看离不开比较。我从结构主义那儿确实也吸收了一些东西。这么看来比较哲学其实是哲学的宿命。比较对于当代中国哲学来说更重要，我们就是比较着西方出来的。当然我们现在不愿意老是这样。

第二个就是一种衍生的比较，简单说来有两类。一类是在两个现成的存在者之间做比较。比如汉语和英语之间语音的异同可以做比较。我们现在常做的中国哲学和西方哲学，好像都已经有了，然后找它们之间的关系。另一类就是按某个标准来比较。柏拉图认为，你要是做比较，你必须知道你要比较什么嘛。如果你要说姚明比科比高，那你一定是预先设定了"高"这样一个标准。所以在我看来，这样的比较就不是原生的了，而是在某个框架中的比较，尽管也有意义或者有的时候很有意义，但是已经不那么原发了。所以，比较哲学有时让人觉得肤浅甚至牵强。实际上，问题出在把自己陷入了某个现成框架之中。

再次，我想根据以上谈到的三类"比较"的含义，来说明比较哲学的三个境界。第一个境界当然是来自原初的比较，对这种比较最透彻的说明就是我们的阴阳道论。没有阴和阳的比较，意义和存在不会发生，所以阴阳就是真正的太极。这种比较在历史上是非常成功的。它们往往是在对比中互夺其现成的身份，而让其参与到对新思路的构造中来。比如说，般若中观及如来藏的心学和道家儒家中观（其哲理的一个重要体现是《周易》）的相互开凿和层层共举，成就了僧肇、天台宗、华严宗、禅宗，最终激发了宋明儒学。

第二个比较哲学的境界来自两个已经存在的哲理传统之间的比较，其中较为有趣的是在这种形势中进行的"边缘处的比较"。虽然粗糙，虽然牵强，但因为它处在边缘，所以很有意义。比如说佛教入华的时候，通过"格义"让中国人比较着自己已有的哲理来理解佛教，例如把"空"（synya）格义为道家的"无"。实际上这是不太准确的，但在当时很有意义。如果当时不这么格义，那么这个很微妙的佛教关键词的深意，就无法被领会。虽然一开始的理解可能并不完全准确，但可以慢慢再进行调整，逐渐进入其本义。所以我觉得这种比较是一种开路式的格义。像利玛窦和徐光启之间进行的交流或传授，实际上是基督教和中国传统的比较。海德格尔与道家之间也有不俗的比较。海德格尔把"道"解释为德文的"道路",乃至进一步动词化,即"开道"。虽然有的人说这不太准确,其实还是蛮有启发意义的,特别是对他们德国人来讲是很有意义的。

在这个层次上,与真正的格义相对立的比较,我用了刘笑敢老师提出的词"反向格义"。反向格义不是真正的边缘比较。它的要害不在于反向,而在于预设的西方的标准,造成了带有歧视性的比较,于是就比较出了全盘西化,完全丧失了真正人文精神的边缘敏感性。在这方面,我觉得王国维先生还保持了"比较"的敏感,他讲的可信与可爱的冲突,表现出两难之间的痛苦经验。他实在是找不到一个最终的标准和完美的归宿,于是就将这个有锐利边缘感受的比较放在那里,绝不苟且。而严复的《天演论》,我觉得他已经陷入一个框架里面了。

第三个比较的境界,就是一种问题式的和命题式的比较。我觉得问题式的比较其实更有思想激发力,但关键得抓住真的问题和活的问题,不是随便什么问题都合适。我的老朋友牟博教授,多年来讲比较的方法论,主张以 constructive(建设性)的方式来做开放式的比较,大家都参与进来了。它把外在的一些东西给撇开了。不管是东方、西方还是伊斯兰地区,只要你有本事,大家都可以来建设性地解决问题。当然关键是抓住好问题。所以,我觉得在目前,我们又有了很多新的契机。人类出现的时代危机,包括我们中国面对的一些重大问题,实际上是可以激发哲学的比较的。它可能是隐性的,比如说其中一个就是生态危机,可真正的思想者都不敢忽视。如果你生活正常,想得远,你为子孙后代考虑,甚至为自身考虑,就会意识到它。你想想现在这个全球生态恶化到了什么程度,尤其是展望未来的时候,在表面的"更加强大""更加科学"之下陷阱重重。所以这个问题会激发出全球知识分子共同探讨这方面的哲理。

其中的一个就是所谓共生论的问题。这个共生,既指人和人的共生,也指人和自然的共生,包括人和任何其他生命体、和整个生态圈的共生。它是一种非超越化的但又不止是经验化的深邃哲理。因此,它不同于传统西方哲学讲什么超越实体，包括主体或主体化意识。它们对这个问题的解决就不够用，甚至从根本上就够不着这个问题。在此，中国哲学、印度哲学，甚至印第安的哲学——我认为哲学是广义的——就能够真真实实地参与进来，贡献各自的智慧。我们的阴阳思想，我们的老庄，我们的孔孟，在参与这些问题的过程中，能够摆脱自己在历史上的陈词滥调，把自己思想中最有活力的东西，在解决这个问题的时候展示出来。我觉得这个在未来是一个很重要的方向。当然了，中国哲学在进入这些问题时，也不是现成有效的，好像一讲天人合一就可以总领生态问题解决的纲领了，还是要进入当代的语境和生存形势。这往往意味着要和当代新的思想，包括哲学、科学，进行深入的对话，相互打磨。比如说，中医、西医的各自地位和作用，在这次疫情中也能大略看得出来。这二者之间的关系实际上就是一种比较，活生生的比较。一开始二者互相摩擦，看不起，甚至排斥，但是到了最后会发现，一方想独自解决这个问题是不可能的。所以，让中医、蒙医甚至让印第安医学等传统医学参与进来，不是没有意义的。这就是比较哲学的一个活的例子，而从哲理上说清它，就是我们的责任了。

我一开始讲到哲学与科学的关系，那是基于以往乃至现在流行的科学观来讲的。其实，科技本身真的没有一个比较问题吗？不是如此，这里也有一个范式之间的比较问题。牛顿、爱因斯坦、量子力学，各有不一样的研究范式，而且，中国的科学，也有自己的研究范式。中医跟西医、我们的中国数学——如九章算术，它们和西方比较，视野不一样，基本格局不一样。他们那边就能包打天下吗？也不一定。所以我还提出一个适生科技的问题。现在，对人类好的，不是当代西方的高科技一统天下，它并不能解决所有问题。所以我们还是要让各种科技，通过时机化的方式参与进来，这样的效果可能更好。如此等等，这些都是比较的问题。

最后一个就是比较哲学的条件。我的观察是，我们比较哲学最多讲的，是刚才讲的第二层和第三层。但是如果做得好，进一步深入，就能上升到第一层的原比较。这样就能够产生新的思想，真正能够应对时代的挑战。在我看来，较为成功的就是百家争鸣、希腊哲学的基督教化、文艺复兴，甚至印度哲学的现代化，等等。这里面很多古代和现代的比较、里面和外面的比较，产生了很多新的东西。但是其他例子，像日本的现代化，虽然也充满了比较，但是其中有一些不是那么成功。

一个比较哲学探究的元方法论框架：
论方法论引导原则之适当性条件[*]

牟　博[**]　著　张　静[***]　译

一　建设性交锋—交融战略与建设性交锋—交融阐释

在本书中提出和解释的建设性交锋—交融阐释是对于跨传统交

---

[*] 本译文是对作者《跨传统哲学交锋—交融：一个建设性交锋—交融理论》（*Cross-Tradition Engagement in Philosophy*: *A Constructive-Engagement Account*，New York and London: Routledge, 2020）一书部分内容的节译，即其导论章（Introduction）的部分正文内容［即其第一节（Section 0.1）部分内容和第二节（Section 0.2）的全部内容］和结语章（Conclusion）的全部正文内容。为使本译文具有相对完整性和相对独立主题，译者与作者协商后做了如下处理。第一，本译文的标题定为"一个比较哲学探究的元方法论框架：论方法论引导原则之适当性条件"；原书导论章和结语章在本译文中分别列为第一、第二和第三节。第二，原文正文包括对该书其他章节部分的交叉援引说明，由于此译文是对全书部分章节的选译，读者不能直接在本译文中看到这些交叉援引内容，但是，为使译文正文内容具有完整性、避免译文内容解释不足或论证不完整，译文没有删去而是保留这些交叉援引说明。为使正文译文阅读流畅，正文中这些交叉援引说明以及一些原文括号中解释内容由正文部分转入脚注部分。此外，作者认为选译部分的原有注释内容可以省略不译而不影响正文部分的基本理解，故本译文不包括原文中的注释部分。——译校者注

[**] 牟博，美国加州圣荷塞州立大学（San Jose State University, California）哲学系终身教授，英文国际哲学杂志《比较哲学》（*Comparative Philosophy*）主编，主要研究方向为语言哲学、中国哲学、比较哲学和哲学方法论等。

[***] 张静，哲学博士，北京市社会科学院哲学研究所助理研究员，主要研究方向为先秦及秦汉哲学、道家哲学、中西比较哲学。

锋—交融的战略性目的和方法论战略的一个系统性理论阐述，而跨传统交锋—交融旨在沟通来自不同传统的不同处理路径和资源。一般来说、简要而论，这一战略性目的和方法论战略可以概括如下：它是探究来自不同哲学传统（广义理解：按不同背景文化或按不同风格/取向来区分）或来自古代哲学传统和当代社会的不同处理路径和资源如何能够通过反思批评（包括自我批评）和论证并在适当的方法论引导原则的引导下，就一系列（可以通过恰当哲学解释和更广阔的哲学视野而共同关注的）具有哲学价值和意义的反思问题相互沟通和相互学习，从而对哲学发展和当代社会的发展做出贡献。不妨将上述战略性目的和方法论战略称为关于哲学中跨传统交锋—交融的"建设性交锋—交融战略性目的和方法论战略"（以下简称"建设性交锋—交融战略"）。

如上述简要表征（明确地或隐含地）所示，建设性交锋—交融战略整体就战略性目的和方法论而言具有六个方法论强调。第一，它强调为追求真理而展开批评性交锋—交融。第二，它强调在展开批评性交锋—交融中各方通过相互学习和对关注问题以互补方式做共同贡献而做出的建设性贡献。第三，它强调对文本的哲学解释，而非仅仅是历史描述。第四，它强调旨在就一系列（通过恰当哲学解释和更广阔的哲学视野而共同关注的）哲学问题对哲学当代发展做出贡献的哲学问题取向。第五，它强调上述交锋—交融哲学探索需要适当的方法论引导原则的引导。第六，它强调对于来自不同传统的各种合格的视角路径持开放和包容态度（特别是通过上述第一点、第二点和第五点），从而提供一个有效和包容的元哲学方法论框架和建设性交锋—交融平台。

二 预备性概念资源与说明

上述建设性交锋—交融阐释并非来自纯思辨式的"无中生有"，而是诉诸某种合理的前理论性理解（pre-thoeretic understanding），涉及可被不同地谈论的"共同"或"同一"的对象。某种程度上，前理论性理解被视为"预备性的"，原因在于，它被当作一种规范性的基础，人们能够以不同方式谈论相同的对象。这种关于"同一"对象的"预备性"前理论性理解，与人们对真理的"实事求是"（way-things-are-capturing）式的前理论性理解，即另一个"预备性"规范的基础，有着隐含而内在的联系。二者在此被"预备性"地引入，之后需要更强的论证，将进一步解释。建设性交锋—交融也诉诸一些预备性概念资源，即研究的方法或方法论的进路，及其相关的词项差别，它在双重意义上是"预备性的"：它们需要深化完善我们对方法论进路的不同维度的理解，以便在之后的讨论中对方法论进行复杂的分析和处理；它们不是单纯的空想猜测，而是对人们在日常生活中实际如何看待事物的反思性阐述：现实生活的来源为跨传统/跨进路交锋—交融的元方法论资源的精确阐述提供了坚实的基础，且以一种易懂的方式表达，使之易于理解。如此一来，某种程度上读者不需要有任何特定的理论支持，而是依靠他们对所涉及资源的前理论性理解。接下来分三小节论述：第一小节从人们的前理论性理解的角度初步解释了两个规范基础，它们在人们的日常生活和反思生活中起着重要的、不可或缺的解释作用（为了更有力地论证，作者在原书第一章中以更多的理论术语和协调方式进一步解释）；第二小节具体说明并简要解释了"共同关注议题"在这次对跨传统哲学交锋—交融的考察中意味着什么；第三小节介绍了一些有效的概念解释性资源及其相关的用特定词语表达的区别。

（一）对两个基本规范的初步解释

哲学跨传统的建设性交锋—交融有一个规范性的基础，即人们关于"同一"对象的直觉或前理论性理解，我们合理地持有其基本观点（让我称之为人们对"同一"对象的前理论理解），且能以反思的方式来表达如下：

（C）给定一个研究对象，有一种该对象在客观上如此的方式，以至于即使我们可能所论不同，我们都可以谈论同一个研究对象（作为一个整体），既不会导致极端（anything goes）相对主义，也不会因此造成截然不同的诸多自立门户之对象。

实际上，这种关于"同一"对象作为整体的前理论性理解，是我们日常生活的一个基本准则，我们可以对"同一"对象进行不同的谈论。或者，以一种更理论化的方式来说，给定一个研究对象，假定该对象的真正方面的同一性是如此（动态地）确定，不管它是物理现实中自然和动态地产生的对象、社会现实中的社会性建构的对象、理论建构的抽象对象、以语言方式引入的"语言"对象，或是哲学探索中共同关注的问题。尽管可能以不同的方式侧重于不同的层面，同一的研究对象可以被共同探究和讨论，以一种最低限度的客观的方式被检验（即，并非极端相对主义的主观方式）。换言之，基于反思性的分析，（C）所表述的前理论性理解，可以被阐述为三个可合理期望、彼此极端相关的组成部分或分论点：

（1）给定一个研究对象，它具有客观性，以至于彻底的"什么都可以"的相对主义不可能在这个意义上成功；

（2）给定一个研究对象，它拥有独特的方面（维度或层次），以至于点明这些独特之处的不同言说者，实际在谈论同一个对象；

（3）一个谈论"相同（或同一）"对象的言说者能在语义上达到作为整体的同一对象，无论他或她目前是否能够在认识论上达到该对象的所有方面。

有两点需注意。第一，前述的"相同"对象整体承认规范，我们可以不同地谈论的"相同"对象的规范是所有人类都是其中一部分的相同的自然世界。让我把"相同自然世界的辨认"规范称为"相同对象作为整体的辨认"规范的例证。第二，人们对"相同"对象的理解内在地关联于并基于对所谓的"双重指称"（double-reference）现象的前理论性理解，它关注语言的基本运用和效用，即某事物被言说成对象。① 上述关于"相同"对象的前理论性理解与人们关于真理的"实事求是"式前理论性理解有着内在的联系，这也被视为哲学中跨传统交锋—交融的初步的规范性基础。②

哲学中对人们关于真理的前理论性理解有两种基本的方法论态度：非修正式态度和修正式态度。它们是对哲学研究对象的前理论性或前哲学性理解的两种一般方法论态度的延伸。非修正式态度，在概念上与哲学中一般的非修正式态度有关，即除非有强有力的理论或实践的理由，哲学不应该修正我们对相关问题的直觉理解或日常用法。哲学中的修正式态度则相反。非修正式的态度得到了该方法论原则的支持：如果对某一问题有两种相互矛盾的理论方法，从我们对此的前理论性理解（或被不加区分地误称为"未经训练的直觉理解"）的角度来说，其中一种方法比另一种更容易理解，那么举证责任就在后者，即须证明这样的前理论性理解有误；如果不能证明，理论模式应尽可能地保留我们对此的前理论性理解。无论这种一般的非修正式态度及其相关的方法论原则是否应在哲学研究中被普遍运用，但当处理有关于真理的哲学问题，尤其是真理的本质时，将其当作一种基本的方法论策略似乎是合理的。

众所周知，人们对真理的前理论性理解在日常生活中发挥着最为基础的解释作用，且真理的观念是哲学探究和任何探究"事物本来面目"的反思性的智识追求的最基本和全面的概念基础之一。鉴于真理的前理论性理解在人们的日常生活和反思性生活中发挥着如此不可或缺的解释作用，似乎没有任何强有力的理论或实践理由从根本上去修正它，即真理的本质是人们对真理的"实事求是"式前理论性理解。

如此一来，人们对真理的"实事求是"式前理论性理解，在两个

---

① 第一章和第二章进一步阐述这一点，以及分别检验跨传统交锋—交融的规范基础问题和不可比性问题。
② 在此仅初步介绍，并将在第一章中进一步解释。

重要的方面中须被当作一个规范性的基础。其一，就真理的反思性探索而言，人们对真理的前理论性理解应被视为它的规范性基础。其二，与这项工作的目的和关切更为相关，为人们前理论性理解所建构的真理的概念是解释的基础，以跨传统地理解不同哲学传统的探索中共同关注的核心规范或诉求——比如，对真理追求的规范性需求。这一规范构成了哲学的跨传统交锋—交融如何可能的基本理论关切。

（二）跨传统哲学交锋—交融中的共同关注议题

之前简要描述了建设性交锋—交融战略，强调了六个相关的方法论重点，在阐释第二个重点时，有若干个关键术语或短语，就来自不同哲学传统（无论是从文化还是从风格和取向上区分），或分别来自一些（古代）哲学传统和当代社会（简言之，来自不同传统）的不同处理方式和资源而论，"通过每一方彼此相互学习（尽管他们可能不源于彼此或不能还原于彼此），以互补的方式对一些共同关注议题做出他们的共同贡献（因此他们并非绝对不可相容），它强调他们在批判性交锋中的建设性贡献。"其中一个关键术语是"（一些）共同关注议题"。这篇文章中所用的这一短语的应有之义需要在跨传统的哲学交锋—交融的语境中加以理解，广泛而言，在建设性交锋—交融作为整体的语境里被理解。

简单地说，"（一些）跨传统交锋—交融中的共同关注议题"指具有反思价值和意义的问题，它是或能被两个（或两个以上）哲学传统的不同相关资源共同探讨（通过不同但某种程度上互补的关注点和对问题的不同方面或层面的探讨）的。

"共同关注议题"可被视为一个集合名词，它指定了在哲学探究中具有反思价值和意义的议题的集合。在某种程度上，这些议题涉及共有的自然世界（人类是这个世界的一部分）的某些方面、层次或维度。这些议题是或*能*被来自两个或两个以上的哲学传统的不同资源（相关文本）共同探讨的。"*是*"和"*能*"这两个词的斜体意在强调，在跨传统的哲学交锋—交融中，共同关注议题并不限于那些已被不同传统中的某些文本实际上或历史上和明确地讨论过的议题；还包括这些议题，即被不同传统的相关文本资源在历史上（或已经）或多或少隐含地讨论过（或关联性地暗含，无论文本的作者是否意识到），抑或是鉴于它们的内在相关性以及对理解和讨论这些议题的潜在贡献，能被不同传统的相关文本资源共同探讨。"共同关注"的两个特征，能且需要以跨传统哲学交锋—交融里适当的哲学解释来厘清。更具体地说，它们包括以下案例的类型[①]：一个共同关注议题可能属于以下类型之一。

（1）该议题在两个传统的相关文本中都已实际和显明地被讨论。

（2）该议题在一个传统中已实际上和显明地被讨论，但在另一个传统中仅隐含地被讨论。

（3）该议题在两个传统中都已被实际地讨论，但都不显明。

（4）该议题在一个传统中被实际地讨论（显明或隐含），但在另一个传统中尚未提出（既不显明也不隐含），但它也可以由两个传统中历史上形成的相关资源来共同讨论。

（5）该议题尚未在两个传统的历史中实际地出现，但已经（或将要）在当代社会被提出，且能被在两个传统中各自发展的相关历史资源共同讨论。

有几点需要注意。第一，显然，此处"共同关注议题"的"关注"并不一定意味着一个哲学传统中历史意义上的作者（如果存在的话）对所涉文本有意识或实际的意识，而是主要指该文本与所考察问题的（或隐或显）相关性，以及它对我们所理解和讨论该问题的（现实或潜在可能）贡献，得以适当的哲学解释来确定和阐明。[②]

第二，与前述观点相关，跨传统的哲学交锋—交融里共同关注议题的身份特征（identity），与之前和现有的比较哲学议题的身份特征并

[①] 以便阐释，本文仅涉及两个传统为例，而非两个以上。
[②] 这一点将在第3.1节中进一步解释。

不相同。一方面，前者的身份特征既不完全由现在比较哲学研究者的主观偏好所决定，也不可能被探究现有领域的身份特征所穷尽；另一方面，跨传统的哲学探究不断探索其新的边界，或对那些传统的共同关注议题有新的视角（包括经典中新发现的视角），或者新发现和新问题，其中一些不同传统的文本资源可以是"客观的"关联（基于文本证据的阐述和解释），从而对我们的理解和讨论做出共同贡献。

可以这样说，跨传统的哲学交锋—交融里，共同关注议题的身份特征既指过去，即已明的共同关注的问题，又指向未来，即那些已经或尚待提出的问题，它们所涉资源的适当相关性和（潜在）贡献在跨传统的哲学交锋—交融里得以呈现和解释。因此，跨传统的哲学交锋—交融里的共同关注议题显然不是一个固定的、预先决定的集合，而是具有开放性，尤其是上述的类型（4）和（5）。

第三，如上所述，共同关注议题通常预设或主要涉及共同谈论对象的整体。换言之，通常情况下，一个哲学探索中的共同关注议题或话题是以如下形式呈现的，即"如何看待O的问题"，或者"O如何可能的问题"，或者简单的"关于O的问题"，其中"O"指一个共同谈论的、作为一个整体的对象，譬如如何看待孝的问题，[①] 如何看待对立面之间关系的问题[②]和关于真理的哲学问题。某种程度上，一个共同关注议题也意味着共同谈论的对象是一个整体。一方面，二者密切相关，例如，存在对于共同关注的关于如何看待自然界的基本方式这一形而上学问题的不同进路，当他们被适当地引导而认识到共同的自然世界是共同讨论的作为整体的对象并提供共同基础和"潜在一致"（underlying agreement）时，他们可以相互对话，相互交锋—交融，彼此学习。[③] 然而，另一方面，共同关注议题的不同方面的身份特性，与

[①] 该问题在第五章案例分析中被研究。
[②] 此为在第四章案例分析中共同关注的问题。
[③] 将在第3.2.2节关于文本分析和哲学解释中对交锋—交融起引导作用的诸多因素的讨论中进一步解释。

共同谈论的、作为整体的对象的不同方面的身份特性并不相同，前者意味着更多。例如，共同关注的关于真理的哲学问题的独特之处，不是（至少不是直接）由人们关于真理性的前理论性理解（即"实事求是"）所建构的真理性所拥有的：前者有它的"语言学"维度，就此而论，有关于我们自然语言中真理谓词的语言功能的研究项目；还有解决语义悖论的维度，就此而论，有关于解决在（自然）语言中真理概念所涉的那些语义悖论的研究项目。这些维度并非后者所有。①

（三）预备性概念资源及其相关区别

该部分简单易懂地介绍一些预备性概念资源，及其相关的用特定词汇表达的区别，目的有二：其一，对一些方法论的概念（包括方法性视角取向和方法论引导原则）形成精确的理解和界定；其二，更加清楚和准确地阐述哲学研究中方法论的不同层面，与相关的建设性交锋—交融策略的方法论要点。

哲学研究的"方法"或"方法论进路"术语含义众多。鉴于"方法"或"方法论进路"指如何着手处理研究对象的方法，从概念和实践上讲，有必要区分三种方式或方法，它们构成方法论的三个不同层面：即方法性视角取向（methodological perspective，或视角取向性方法 perspective method）、方法性工具（methodological instrument，或工具性方法 instrumental method）和方法性引导原则（methodological guiding principle，或引导原则性方法 guiding-principle method）。换言之，哲学研究的语境里，一般来说，为了充分描述哲学探究中三种不同但又有一定关联的方法论方式，方法论进路的概念可以而且需要被细化为三种不同但又有关联的方法论方式：方法性视角取向（或视角取向性方法），方法性工具（或工具性方法）和方法性引导原则（或引导原则

---

① 作者将在第二章进一步解释这一点，即与宗教有关的研究对象如何在跨传统的哲学交锋—交融中成为可能。尽管许多跨传统的哲学交锋—交融都集中于类型（1）、（2）和（3）。

性方法），具体如下。

1. 方法性视角取向（或视角取向性方法）是研究对象这样的一种方式：给定或假设研究对象拥有某一方面，指出或关注研究对象的这一方面，并就其特征来把握或解释它。对此，有两个重要的区别。第一，合格的与不合格的方法性视角取向有所区别。如果研究对象确实拥有方法性视角取向（类型）旨在指向的那个方面，那么，对于该对象来说，这一方法性视角取向就被认为是合格的。否则，该方法性视角取向是不合格的。我们还需要注意到，一般来说，一种视角类型不可能不加区分地对于所有共同关注的研究对象都合格；被采用的某种类型视角对于某一具体研究对象是否合格，取决于它是否真正指向并把握住该研究对象的某些方面或层次。第二，单一型方法性视角取向与复合型方法性视角取向之间存在区别。单一型仅是一个可辨认的方法性视角取向，而复合型则或是单一型视角的组合（多视角取向的复合型），或是一个单一型方法性视角取向（单一视角）与某个方法论引导原则的联合（附带引导原则的复合型方法性视角取向）。除非另有说明，我所说的"视角"是指单一的方法性视角取向。

2. 方法性工具（或称工具性方法）是一种实施或提供工具来实现某种方法性视角取向的方式。方法性工具在很大程度上是中性的，因为它们可以用来实现不同的方法性视角取向。但就某一方法性视角取向而言，仍然存在更有效和不那么有效的方法性工具之间的区别。

3. 方法性引导原则（或引导原则性方法）规范和指导关于研究对象的某个（或某些）方法性视角取向。研究者明确或隐含地有所预设某种方法论引导原则：它指导和规范如何选择和评价该视角；它致力于建立其目标（特别是它要服务的目的和重点）。就研究对象的方法性视角取向而言，存在适当的与不适当的方法论引导原则之间的区别。例如，着眼于当事人处理研究对象的当前的（合格）视角和其他合格视角（如果有）之间的关系，一个方法论引导原则在下述条件下被认为是适当的（关于可辨知的视角适当性）：当它允许其他合格视角来补充当前视角的运用,从而使研究者认识到这些合格的视角的确各自把握住了研究对象的不同方面,因此可以对理解对象的方法共同做出互补性的贡献。若非如此,它就被认为是不适当的。

为了让读者生动地理解它们的区别,让我以"方法之屋"的比喻来说明相关观点。假设玛丽打算去她的目的地比如一栋房子(作为其研究对象),房子有几个入口,比如说前门、侧门和天窗(作为研究对象的不同方面、维度或层次)。然后,玛丽踏上某一小路(某种方法性视角取向)以进入房子,这条路通向房子这边的入口(例如前门)或那边的入口(例如侧门)。如果一条路真的通向房子的某个入口,它就被称为合格的路径;否则,就被称为不合格的路径(因此有合格与不合格的方法性视角取向之间的区别)。当玛丽走某条路进入房子时,她手里拿着某种工具(方法性工具)来清理她的道路,比如说,如果道路上长满了荆棘就用一把斧头,如果道路上有大量的雪就用一把雪铲。她心中也有某种想法(方法论引导原则),以解释她为什么要走那一条路,而不是另一条,并引导她对那条路与其他通向房子的路径(其他方法性视角取向)的关系有某种理解,不论适当与否。当然,这样的指导思想可以是适当的,也可以是不适当的(适当或不适当的方法论引导原则)。例如,如果她认识到并认为其他路径也是合格的,且与她目前的路径兼容,那么她的指导思想就是适当的;相反,如果她没有认识到这一点,从而认为其当前路径非他性地合格(通往房子的唯一路径),那么她的指导思想就不适当(就认识视角的合格性而言),尽管她目前的路径本身确实合格。

鉴于此,方法性视角取向和特别相关的方法论引导原则之间的关系,有两个预备性要点。第一,一般来说,一个人在实际应用一个方法性视角取向时预设某些方法论引导原则,该视角(单一型方法性视角取向)本身的优点、地位和功能可以独立于方法论引导原则进行评估。一个人在实际运用某个视角时,无论它是否关联于或由适当的或并不适当的方法论引导原则来引导,把某种合格的方法性视角取向作为工作视角的反思实践本身，就以下意义而言，它在哲学上是积极的和无罪的。一方面，它在哲学上是积极的，因为确实该视角指向或理解了对象的某个方面，因此是合格的；另一方面，它在哲学上是无罪的，因为一个人采取该视角反思实践本身，既非忽视了对象的其他真正方面，也非在背景思考中拒绝其他合格的视角，更非预设了一个不合格的方法论引导原则会使其他合格的方法性视角取向（如果有的话）不被纳入。这样一来，即使一个人的方法论引导原则在他运用某种合格的方法性视角取向时不适当，该方法性视角取向的合格性仍然需要被承认，且采取该视角的反思实践本身在哲学探究中仍然有其应有的价值。

第二，但是，有一个适当的方法论引导原则确实很重要。研究者在评估合格的方法性视角取向的地位和性质、应用方法性视角取向以及审视自己目前的工作视角与其他视角之间的关系时，应该预设适当的引导原则。一个人采取某种方法性视角取向时，尤其是由于看似相互竞争的方法建设性地交锋—交融，是否受到适当或不适当的引导原则的规范确实很重要。当一个人应用合格的方法性视角取向工作，由一些适当的引导原则指导，从而有助于对研究对象的整体理解时，他对该视角的应用在哲学上是建设性的和有洞见的，因为他建设性地对待其他合格的方法性视角取向（如果有的话）及其与工作视角的关系，从而对研究对象的整体有一个全面的理解。否则，在这方面它在哲学上就不那么有建设性，也不那么有洞见（甚至是盲目的）——但即便如此，如前所述，采取该合格视角的反思性实践本身仍然可以在哲学上是积极的和无罪的。

哲学研究的语境里，其一，有必要将关于方法论进路的概念细化为这三种不同但相关的关于方法论方式的概念，以便充分地描述（在哲学研究中）前述三种不同但相关的方法论方式。其二，鉴于它们的区别和联系，至少在概念层面上，我们不妨把这三种方法论方式看作（哲学）方法论或方法论进路概念的三个层面，但这并不是说历史上曾经采取的任何方法论方式在其运用者的思想和文本中,都被不加区分地呈现为一种清楚展现所有三个维度的方法论进路。

三 走向建设性交锋—交融

本文第一部分和第二部分的研究指出了建设性交锋—交融策略中的一个核心问题:对于跨传统交锋—交融的研究者而言,在哲学的跨传统交锋—交融中,更广泛地说在哲学研究中,如何适当地考察研究对象或共同关注议题的不同方法之间的关系,以及架起它们之间沟通的桥梁。简言之,如何适当地考察不同的方法。这一中心论题构成了比较哲学之建设性交锋—交融是如何可能这一问题的核心部分。本结论章将在第一部分的理论考察和第二部分的前述案例分析的相关解释的基础上,通过导论一章中介绍的概念解释性资源和用特定词汇表达的区别,强调一套"适当性"条件以保持适当的方法论引导原则,涉及在哲学和其他对"实事求是地认识把握事物"的知识追求中如何充分看待不同的方法,这些条件在前面的讨论中已经分别明确或隐含地解释过(特别是在第一章、结论章的第四节、结论章的第五节等)。这套适当性条件构成了本书所考察的哲学中的跨传统的建设性交锋—交融所提出的元方法论框架的核心。

(一)承认把握相同对象整体之适当性条件(Adequacy condition of recognizing the same object as a whole),反对极端取向或激进的相对主义,简称为"承认把握相同对象整体之条件"(The-same-object-whole-recognizing condition)。给定一个研究对象整体,如果一个方法论引导原则能够使研究者认识到下述这一点,那么该方法论引导原则(在这方面)便可认为是适当的:该对象以这样一种方式客观存在,即人们都可以把同一个对象作为一个整体来谈论,即使他们可能对这个对象(关于其不同的方面)所论不同,也不会导致极端相对主义的倾向,不会因此造成诸多自立门户的完全不同的对象。反之,若非如此,则

（在这方面）不适当。①

该适当性条件与两个规范性基础有内在的联系：一方面，以一种非常直接的方式，该适当条件是承认相同对象—整体这一规范性基础的重要变体，以凸显如何充分看待不同的方法；另一方面，鉴于承认相同对象—整体这一规范和"实事求是地认识把握事物"规范之间的内在联系，该适当性条件也可以被称为"实事求是地认识把握事物"之条件。在两种意义上，该适当性条件在所有被讨论的适当性条件中最为基本：其一，所有其他的适当性条件都预设这一点，即使人们可能对之众说纷纭，也都可以谈论作为一个整体的相同对象，而不是在说不同的对象；其二，鉴于真理追寻（对"实事求是地认识把握事物"的追求）是任何"讲究实事求是"的反思性追求的一个策略目标（而不是极端相对主义或"单纯的智力游戏"），该适当性条件也被其他适当性条件所预设，为的是认识对象是（或将是）什么。

（二）把握多元合格视角之适当性条件（Adequacy condition of recognizing perspective eligibility），简称为"把握视角合格性之条件"（The perspective-eligibility-recognizing condition）。研究者采用研究对象的某一合格的方法性视角取向作为当前的工作视角，他预设或使用的方法论引导原则在下述条件下是适当的：当它使其他任何合格的方法性视角取向（如果存在的话）也被认可为合格，且在某种程度上与当前所运用的视角互补。

就以下意义而言，该适当性条件可被称为多重视角的"最低"条件，多重（合适）视角的其他适当性条件如 3~10，在两个方面"最低地"需要它：一是，它被之后的几个适当条件最低限度地预设，以直接处理目前有效的各种不同（合适）视角之间的关系，如适当性条件 3、4、7、8、9 和 10；二是它被适当性条件 5 和 6 最低地追求，这将在后面解释。尽管这并非研究对象的典型，因为它有多个方面或层

---

① 以下论该条件是否适当，皆从当时条件下的"在这方面"出发，下皆略。

次，因此可以通过多重合格的视角来考察，但有可能存在这样的情况，给定的对象确实只拥有某一方面，因此，只有一个"合格"的视角来理解对象如何。

（三）对视角当事人之目的和关注点敏锐之适当性条件（Adequacy condition of being sensitive to the agent purpose），简称为"当事人目的之敏锐性条件"（The agent-purpose-sensitivity condition）。在有关研究对象的不同的合格的方法性视角取向中，如果一个方法论引导原则能够使研究者选择某种工作视角，且敏锐于研究者目的和关注点（通过不同的对话语境或不同的文本显示出来），从而使最适用或最合适（相对于该目的而言是最佳的）的视角（最好地）服务于该目的，那么这个引导原则被认为是适当的。反之，则不适当。

鉴于关于如何看待不同视角的元方法论框架可以被看作一种"客观的"视角主义，该适当性条件在这方面有一重要特征，与"主观的"视角主义根本不同。正如前面所强调的，前者认为，一旦给定了研究对象，人们就可以把相同对象作为一个整体来谈论，尽管可能所论不同，一个视角的合格性就在于它指向并抓住了对象真正拥有的某个方面，而不是"任何视角都可以"。因此，当事人的目的性选择并不取决于她主观上喜欢的任何视角，而是限于那些对研究对象合格的方法性视角取向。与此相反，后者认为，一个视角的合格性仅仅在于它是由当事人主观投射出来的。

（四）授予合格视角"平等"地位之适当性条件（Adequacy condition of granting equality status），简称为"授予平等地位之条件"（The equality-status-granting condition）。一个方法论引导原则在下述条件下被认为是适当的：它使研究对象所有的方法性视角取向（单一视角）在以下两种意义上是平等的：就对象的完整刻画而言，它们是平等地均作为部分，因此也是平等地被需要，尽管某一合格视角在一个具体项目中被采用，而关联于相关目的时，会比其他视角更被需要或更有聚焦点。就此而论，没有任何一种合格视角是绝对地优于（或劣于）其他合格视角的。反之，则不适当。

尽管所有视角都是部分的，但是，授予平等地位之条件在下述含义上并非必然使所有合格视角具有同等的区域性（local），如果所及的合格视角确实指向并抓住了某种全面的"普遍"或"本质"的基础层面（如果有的话，它是"基础"的部分）从而定义了该研究对象（就"普遍地确定"同类其他对象和该层面的"统一"作用而言），适当的方法论引导原则将使该视角成为基本的，而不仅仅是区域性的。但是，在一个有研究者独特目的的具体项目中，某个基本的合格方法性视角取向不一定或不总是处于当前的焦点（作为研究者当前的工作视角）。

（五）辨认新合格视角可能性之适当性条件（Adequacy condition of recognizing new eligible perspectives），简称为"辨认新合格视角可能性之条件"（The new-eligible-perspective-possibility-recognizing condition）。一个方法论引导原则在下述条件下是适当的：如果它能使研究者对新的合适视角的可能性持开放态度，而这个新的合适视角指向对象的某些真实具备的方面，只是由于该方面的"未知性"状态而尚未被研究者意识到而已。反之，则不适当。

该适当性条件更带有认识论取向：人类当事人在认识上是受限的（就其"客观"方面而论，如所有人都会具有认识上的限制；就其"主观"方面而论，例如，有的人未能使用其所具备的其他可用的认知官能），尚未明白关于研究对象的更多未知层面或方面存在，从而更有前景的指向和捕捉它们的合格视角。下一个适当性条件也将加强这一点。

（六）敏感于合格视角应有覆盖面动态发展之适当性条件（Adequacy condition of being sensitive to the dynamic development of the due coverage of eligible perspectives），简称为"动态发展敏感性条件"（The dynamic-development-sensitivity condition）。一个方法论引导原则被认为是适当的：如果它引导研究者对研究对象的动态发展（如果有的话）保持敏感，一方面是为了认识和理解对象（仍然或目前）真正拥有哪些方面,哪一方法性视角取向仍然合格;另一方面是哪些之前的方面将消失,因此以前的视角现在就不再合格。反之,则不适当。

该适当条件要求研究者注意并敏感地认识到:在一个研究对象的动态发展过程中(如果有的话),该对象可能会发展出一些新方面,同时失去一些旧方面。因此,关于该对象旧方面的方法性视角取向可能不是一直合格的;该对象的进一步发展可能会带来一个新的合格的视角,或者一个以前不合格的视角也可能因为指向新的方面而变得合格。这一适当性条件强调了研究者对研究对象的动态发展(如果有的话)的敏感性,被不适当方法论原则指导的研究者很容易忽视这一重要方面。

关于适当性条件(五)和(六),有两点说明。第一,为了追求适当性条件(二)的彻底满足,如果研究对象有其动态发展的维度,且带来其新的侧面,尽管新视角不在当前合格的视角集合里,但新侧面能使指出和理解它视角成为合格的,那么,适当性条件(五)和(六)也需被满足。第二,这两个适当性条件既不包括在第4.4节中寻求整体互补的适当性条件模式集合里,也不包括在第5.5节中适当性条件的列表和联系中,即"关注"稳定不"变"方面("being"-aspect-concerned)的方法性视角取向(类型)和"关注"变化非稳定方面("becoming"-aspect-concerned)的方法性视角取向(类型)。不包括在前者中是因为第4.4节的整体互补性的叙述集中于对立面的互补性寻求条件;它不包括在后者中是因为第5.5节关注如何看待两个具有代表性的方法性视角取向之间的关系,即苏格拉底的"关注共相方面"视角和孔子的"关注动态情景方面"的视角,他们共同关心的人类(孝)的问题作为一种持久的人类美德,有其相对的稳定性。

(七)把握视角取向(显性)和谐互补性之适当性条件(Adequacy condition of capturing concordant complementarity),简称为"把握和谐互补性之条件"(The concordant complementarity-capturing condition)。因为一个研究对象的多种不同但又合格的方法性视角取向以

明显一致的方式相互支持和补充（因此被称为"和谐互补性"），如果一个方法论引导原则引导研究者捕捉这些视角的和谐互补性，以便它们一起工作并共同贡献，那么它就被认为是适当的。反之，则不适当。

该适当性条件可以且在本书中被实际视为把握和谐互补性的适当性条件框架（正如第4.4节所讨论的）的基本且重要的实例：当对立面是关于跨传统哲学交锋—交融的研究对象的不同合格视角时，要适当地沟通它们。

（八）把握视角取向隐性互补性之适当性条件（Adequacy contradiction of capturing restrictive complementarity），简称为"把握限制性互补性之条件"（The restrictive-complementarity-capturing condition）。假定有两个（或多个）关于研究对象的不同方法性视角取向均是合格的（即把握住对象的不同方面）但又是真正相互矛盾的（即所把握的不同方面是对象所拥有的真正内在矛盾的方面），并且假定具有内在矛盾构成方面的对象仍然以建设性的方式存在（而非处于有待扬弃的破坏性冲突之中），那么，一个方法论引导原则在下述条件下将被视为适当的（在这方面）：如果它指导研究者：①认识到对象所涉方面的真正矛盾状态，从而认识到捕捉这些方面的这些"矛盾"视角的合格性；②理解这些矛盾而合格的视角之间限制的互补性与它们的隐性的相互支持，以便能完全地理解研究对象。反之，则不适当。

该适当性条件可以且在本书中被实际视为捕捉把握视角取向隐性互补性的充分条件框架（正如第4.4节所讨论的）的基本且重要的实例，当对立面是关于跨传统哲学交锋—交融的研究对象的不同合格视角时，要适当地沟通它们。

（九）寻求"扬弃"和"扬弃后互补"之适当性条件（Adequacy condition of seeking sublation and post-sublation complementarity），简称为"寻求扬弃及其后互补性之条件"（The post-sublation-complementarity-seeking condition）。该适当性条件可以被视为，且在本书中被实际处

理，作为寻求后融合互补性的"适当性条件"模式（正如第 4.4 节所讨论的）的一个实质性的重要实例，当对立面是关于跨传统哲学交锋—交融中的研究对象的不同的附带引导原则的复合型视角需要适当的沟通时。

我对该适当性条件多说几句。在第 4.4 节中给出的寻求扬弃及其后互补性的"适当性条件"模式如下：

寻求从原始对立面"扬弃"之后的新对立面之间的互补性的适当性条件（模式）：在此条件下，要充分考察扬弃前的对立面与扬弃后的对立面的应有关系（即简称"寻求扬弃后互补性之条件"）。

鉴于两个看似对抗的对立面某种程度整体上不能相互支持和补充（既不是以显性的方式，也不是以隐性的方式），需要它们的扬弃（广义的理解，将在后面解释），于是两个对立面中分别扬弃之后的合理且有价值的元素，被纳入一个新的统一体中，可以相互支持和补充（无论是以显性的方式还是以隐性的方式）。如果一个方法论引导原则能够引导研究者从两个原始的对立面中扬弃并升华出合理且有价值的元素，并将它们作为新的对立面纳入一个新的统一体，从而实现它们的互补，那么它就被认为是适当的。反之，则不适当。

现在考察在跨传统哲学交锋—交融中一个研究对象的两个相反的方法的一个典型案例：有两个（多个）看似对抗的相关的引导原则的视角复合体，研究对象的视角是合格的（即理解对象的不同方面），但它们各自相关的方法论引导原则不仅真正不相容，还（其中一个或两个）在其他一些方面不适当，在所涉及的其他方面中，或因为其中一个不适当，或因为两个都不适当，那么，就有必要扬弃这两个视角复合体。在这种情况下，如果一个方法论引导原则能够指导研究者从两个（多个）相关的引导原则视角复合体（即它们合格的视角部分）中升华出合适/合理的东西（比如它们的合理视角），同时摒弃与之不合的东西［即一个（或两个）视角复合体中的不适当引导原则］，那么它将被认为是适当的。反之，则不适当。

关于寻求互补性的一组适当性条件（七）、（八）和（九），有两个实质性的说明。第一，上述三个适当性条件都寻求互补性，但类型不同：寻求（显性）和谐互补性，寻求视角取向隐性互补性，以及寻求扬弃和扬弃后互补性。然而，扬弃及其后的互补性可能是和谐互补性或限制互补性。如前所述，在第4.4节中，在跨传统哲学交锋—交融的背景下，它们被视为更一般的适当条件图式的三个实质性的重要例子和表现，即如何充分看待寻求整体互补的对立面之间的正当关系。如前所述，所涉及的整体互补性追求包括以截然不同的方式寻求互补性的三种类型（"或者……或者"，但可能是"和"），因此，虽然一个适当的方法论引导原则可以满足（七）或（八），但不能同时满足，但它可以同时满足（七）和（九）或同时满足（八）和（九），我们应当对具体案例和情况保持敏感性。

第二，如果一个研究对象的各种不同的合格的方法性视角取向，以一种明显的相互支持的方式和谐互补，那么被认为满足适当性条件（七）；如果它们似乎不相容或矛盾，但仍然建设性地共同促进完整地理解作为一个整体的对象的特性（因此有其互补的面向），那么就有必要进一步研究这些视角是单一视角，还是"引导原则相关"的视角复合体。如果是前者（比如它们是关于一个研究对象的不同的合格的单一型视角，它们确实理解对象独特的、真正矛盾的方面，它们的存在具有建设性，而非破坏性，因此可以达到升华），那么被认为满足适当性条件（八）；如果是后者（比如它们是合适视角的"引导原则相关"的视角复合体），相关的方法论引导原则不仅真正不相容，而且（其中之一或两者）在某些其他方面也不充分，那么被认为满足适当性条件（九）。

（十）克服过度性和实现建设性平衡的适当性条件（Adequacy condition of overcoming excessiveness and achieving constructive balance），简

称为"克服过度性条件"（The excessiveness-overcoming condition）。因为关于一个研究对象存在多种不同但又合格的方法性视角取向，它们相互支持且互补，无论是以显性的方式（因此是和谐互补）还是以隐性的方式（因此是限制互补），无论这种互补是通过直接识别还是间接扬弃来实现的，如果一个方法论引导原则指导研究者在处理这些不同的合格视角时，通过克服过度的东西（如果有的话）、补充不足的东西（如果有的话），保持已经实现的互补性，从而实现它们的建设性平衡（无论是以"一致"或"和谐"的形式实现和谐互补性，还是以"限制"的形式实现限制互补性），那么它被认为是适当的（在这方面）。反之，则不适当。

该适当条件可以被视为，并且在本书中被实际处理，作为克服过度性的"适当条件"模式的一个实质性的重要实例，正如第4.4节所讨论的那样，当对立面是关于跨传统哲学交锋—交融中的研究对象的不同合格视角性方法时，要充分弥合对立面。

（十一）保持开放性自我批评态度之适当性条件（Open-mind-oriented self-criticism condition）。如果一个方法论引导原则能引导研究者对自己的方法有一个彻底的开放心态和自我批评的态度，那么它就被认为是适当的。反之，则不适当。

该条件列在最后，但并非不重要。尽管前面的适当性条件，特别是（五）、（六）和（九），隐含地指出了它，但值得反思性地单独强调和明确处理它：该适当性条件将从根本上区分对批评和自我批评的真正哲学态度与一种绝对基于信仰的态度，后者会认为其根基理所当然，不允许对它进行任何批评和挑战。该条件的重点不是说一个人不能坚定地维护自己的根基或一些类似公理/规范的基本原则——很明显，一个人必须在自己的思想或理论体系中的某个地方停下来。恰恰相反，这个条件的要点如下：一个人需要始终保持一种开放的反思态度，以应对所有对其思想或理论体系的基本原则的批判性挑战，并准备进行自我批判、修改、修订，甚至如果通过批判性的检查和合理的论证，它被证明是错误的，将放弃一个所谓的基本原则。

前面已经对其中一些适当条件之间的关系做了各种具体解释，现在应该做三个概括性说明。

第一，可能出现这样的情况：一个人在一个方面采取了适当的方法论引导原则（即满足一个适当条件），至少在某种程度上是适当的，但在另一个方面不是（即没有满足另一个适当条件）。例如，人们可能会采用一个方法论引导原则，满足"研究者—目的—敏感性"条件，但未能满足"新且适合的视角可能性辨认"的条件。如果这里给出的条件本身是在正确的轨道上并且确实需要的话，理想的目标是更完全地满足适当条件。

第二，上述的适当条件也有助于构成一个"客观"的标准，以确定可以（和应该）共同关注议题的特性（通过适当的哲学解释）。正如本文第二节中所释，哲学共同关注议题的特性与现有研究领域中问题的特性不同，也不能被这些特性所穷尽：就它们的特性而言，建设性的交锋—交融战略既不预设当前研究者的主观偏好，也不预设现有主流研究的特性。而正如前面所强调的适当性条件（五）和（六）——比如，辨认新合格视角可能性之适当性条件和敏感于合格视角应有覆盖面动态发展之适当性条件，建设性交锋—交融战略明显具有包容性，既包括在我们进一步探索研究对象的过程中新确定的方面，也包括在动态发展过程中新发展的方面，两者都开放新发展的合格的视角。在这个意义和程度上，通过所谓的一套适当条件，建设性交锋—交融策略有助于描述一些"客观"的标准，以确定那些可以共同关注的议题的特性（通过适当的哲学解释）。请注意，正如第一章所释，一些以前被确定为不同的或单独的问题或议题，（在某些情况下）被进一步认为分别属于不同的传统，无论它是明确地还是隐含地给出，结果是作为一个整体的大问题的不同方面或层次。

第三，最后一个适当性条件的一个实质性含义如下：这个适当性条件列表上的任何条件本身都可被批评，而非教条式地强加。事实上，这套适当条件有两个目的。其一是解释在跨传统哲学研究中有适当的方法论引导原则是如何可能的。其二是为读者提供一个有吸引力的起点或有效的垫脚石，它本身并不打算教条式地强加给读者，而是期望在他们自己对问题的反思探索中成为批判性检查的目标。因此，这套适当性条件在两个方面是开放的：首先，这些适当性条件中的任何一个本身都是开放的，可以进一步批评、修改或加强；其次，这套适当性条件是开放的，如果需要的话，可以进一步扩展更多成熟的条件。

劳埃德古代文明比较研究的方法论原则

程倩春*

摘 要：对古代文明的比较研究一直是学术界关注的重要问题之一。剑桥大学劳埃德教授的中西古代文明比较研究取得了许多开创性成果。他指出，跨文化比较研究天然地存在诸多困难。相对于原始资料有限甚至空白等问题，释读证据的概念框架的两难选择是跨文化比较研究面临的基本困境。借助恰当的研究方法是走出这一困境的有效途径。他概括出四条基本的跨文明比较研究方法论原则。这四条原则建立在对当代科学哲学理论的理解与把握之上，确立了研究古代文明的基本立场，增强了古代文明研究的开放性和包容性，为古代文明比较研究提供了一个更为合理的方法论基础。

关键词：劳埃德 文明比较研究 方法论原则

随着人工智能、大数据等技术的不断应用，人类社会即将进入智能化时代。总体而言，技术进步让人类生活更美好。然而，不可否认的是，日新月异的技术进步也潜藏着巨大的风险。且不说日益严重的全球性问题与技术进步有直接关联，就人本身而言，"技术的危险之处

---

* 程倩春，北京市社会科学院哲学研究所研究员，主要研究方向为科学技术哲学。

在于，每一种新的技术都会使我们忘记自己的一种天生能力。……我们已经失去了古人使用记忆的能力。……我们正在失去定位和导航的能力……我们就正在变得越来越不像人类"。① 不管对人与技术未来发展的认识存在多大分歧，不可否认的是，技术进步产生的风险不能仅仅通过新的技术突破来解决。人们需要改变对技术、自然、人及人的生产生活方式等的认识和理解。这些观念的改变、认识的进化不仅奠基于对当代重大社会议题的深刻思考和当代思想家的思想交锋，也需要回到过去，在与古代文明的对话中特别是在对古代文明的比较研究中得到启迪。被称为"现今世上最伟大的古代科学史学家"的剑桥大学古典系"古代哲学与科学"讲席教授劳埃德认为，"有关古人的一切，能够并应该被用来帮助重新理解这个世界、理解人类的理解能力、理解我们自己"②。的确如此，在人类漫长的发展历程中，古代文明留下了大量宝贵的文化遗产。"如果审视我们从古代希腊所得到的收益，我们会为从它那里借鉴来的因素的多样性而震惊。它们包括：形而上学与伦理学，数学公式，文学、艺术技巧以及实用技能，史实，从寓意深刻到毫无意义的小说。普罗提诺的'实在'，斯多葛派的'适当的行动'，毕达哥拉斯的定理，戏剧的三一律，建筑的三种类型，用于兵营的口令，俄狄浦斯的传说，以弗所主妇的故事，所有这些形式均属于希腊遗产的一部分。"③ 同样，古代中国也为人类文明的发展和进步做出了重要贡献。从闻名世界的四大发明，到系统完善的典章制度、思想观念、文化艺术等，五千年华夏文明辉煌灿烂。可以说，"今天，无论是在我们自身的智力操练和努力当中，还是在政治、道德和教育方面所面临的困难当中，我们仍能从两个伟大文明的古代研

---

① 〔美〕皮埃罗·斯加鲁菲、牛金霞、闫景立：《人类2.0：在硅谷探索科技未来》，中信出版社，2017，第4页。
② 〔英〕G.E.R. 劳埃德：《古代世界的现代思考——透视希腊、中国的科学与文化》，钮卫星译，上海科技教育出版社，2008，第14页。
③ 〔英〕M.I. 芬利主编《希腊的遗产》，张强等译，上海人民出版社，2004，第487页。

究中深受教益"。① 劳埃德对古希腊哲学与科学史的研究,特别是对古代中国与希腊科学哲学的比较研究,充分展现了其对古代文明现代价值的深刻洞见。他的这些研究无论是研究方法还是认识成果都具有开创性意义。那么,劳埃德是怎样开展中西比较研究的?其研究的现代价值又是什么?

一 跨文化比较研究的困难

对古代文明的跨文化比较研究由来已久。"自19世纪发展以来,一般性跨文化研究的主要特征是使用大量样本,寻找具体的文化特征之间的对应关系。这类研究几乎都出自确认跨文化统一性,而不是寻找跨文化差异的初衷。因此,它与倡导不同文化间的高度统一性的理性主义方法最为契合。"②统计性跨文化研究方法在描述人类行为规则时其有效性受到了挑战,它只关注各个文化表现出来的外在特征,没有探讨产生这些特征的内在原因,无法区别跨文化规则究竟是历史关联的结果,还是文化圈中独立发展的相似性的结果。因而,"从1950年代开始,英国和荷兰的社会人类学家就反对从社会政治情境中抽取单个特征的统计比较方法。他们提出,由于社会关系的所有侧面都是社会性关联整体的局部,单个的文化特征只有通过在社会系统中所扮演的角色才能获取功能性意义,人类学家必须首先寻求理解与整个社会系统相关的每一个特征"。③ 20世纪70年代以来,跨文化比较研究走入低潮。新"文化人类学家宣称,每一种文化都是独特的、自为的意

---

① 〔英〕G. E. R. 劳埃德:《古代世界的现代思考——透视希腊、中国的科学与文化》,钮卫星译,上海科技教育出版社,2008,中文版序第2页。
② 〔加〕布鲁斯·G. 崔格尔:《理解早期文明:比较研究》,徐坚译,北京大学出版社,2014,第15页。
③ 〔加〕布鲁斯·G. 崔格尔:《理解早期文明:比较研究》,徐坚译,北京大学出版社,2014,第17~18页。

义系统。只能在其自身中得以理解"。① 从而,他们否认有意义的跨文化比较研究的可能性。毫无疑问,新文化人类学家的这一认识是片面的。事实上,跨文化比较研究,特别是统计研究既能记录跨文化统一性,也能记录跨文化多样性。

不可否认,对古代文明的认识和把握,特别是进行跨文化比较天然存在诸多困难。其一,由于人类文明进化过程中,天灾人祸层出不穷,记录古代文明的文献典籍大量湮没于历史长河中,遗留下来的研究资料已不可能丰富到足以阐释古代文明的各个侧面。比如,古代中国历经战乱、灾荒,书写在绢帛、竹简、纸张之上的文献资料容易损毁,留存至今的已极为有限。伴随着雅典、斯巴达等城邦被征服,大量表征古希腊文明的典籍器物也避免不了被毁灭的命运。"仅就希腊科学本身而言,许多重要作者的资料的残篇性质已经令人窘迫。许多高质量的作品佚失了,而那些佚失作品的典范却依稀可辨。"② 可见,幸存下来的作品可能是最易理解的即更加通俗的著作,却不一定是各个时期最优秀的作品。

其二,由于时代变迁、历史演进,古人所使用的语言文字与今人已有较大的不同。比如古代汉语与现代汉语相比较,无论在字形、字义、语法规则上都有了区别。如果没有接受过古代汉语的专门训练,几乎无法理解古代中国的文献资料。同样,现代西方人理解古希腊文明,往往是通过古代文本的手抄本,以及从希腊原文或间接地从阿拉伯文、拉丁文和各地方言的翻译来进行的。这就需要熟练掌握希腊语、阿拉伯语、拉丁语及其相关方言等多种语言。这些都需要通过专业学习才能达到。

其三,由于不同文明所处的自然环境不同、生产生活方式不同、思维方式和宗教信仰不同,它们对自身与外部环境的理解与认识也不

---

① 〔加〕布鲁斯·G. 崔格尔:《理解早期文明:比较研究》,徐坚译,北京大学出版社,2014,第18页。
② 〔英〕M. I. 芬利主编《希腊的遗产》,张强等译,上海人民出版社,2004,第277页。

同，因而，即使获得了相当可靠的文本和译文，也不能保证能够准确地理解其内涵。在进行古代文明的比较研究时，一方面，对于采用了完全等价命题的理论，由于古代或现代作者所关注的讨论语境不同，它们的意义可能不同。另一方面，并不总是能找到对等的概念、范畴来互译。比如，中国古代典籍中的"道"这一概念在古希腊文明中很难找到对应的范畴。同样，古希腊文明中的"努斯"在古代中国的典籍中也难以找到合适的意义相同的概念。因而，对古代文明进行研究时，"我们所讨论的是那被视为在每一相继时代中的希腊科学的东西。当古代作者一个接一个地被重新发现时，他也就被重新解释了，并且在许多情况下，他的基本主张更多地应归功于解释者而非古代作者自己"。[1]

劳埃德同样意识到了理解古代社会面临的巨大困难。他的探讨更加深入。他不仅看到了古代文明研究不可避免的原始资料有限甚至空白的问题，更进一步提出了用来释读证据的概念框架存在的问题。他以为后者更严重，也更难解决。因为"这个困难表现为一个两难局面。一方面是如果我们使用我们熟悉的概念工具，就会产生曲解的危险。尤其是在科学史中，这种曲解既导致年代误植（anachronism），又导致目的论（teleology）。……另一方面，如果对上述第一个困难的反应是强调我们应该使用古人的概念框架，那又怎么可能呢？"[2]

也就是说，一方面，古人对于自然和社会现象的认识和理解在许多方面与我们存在本质的差异，如果使用现代的概念框架去解释古代社会留存的文献资料，得到的结论可能与其原意大相径庭。比如，中国在17世纪以前，文献资料中保留着比较完整的关于新星、超新星和太阳黑子的记录。在现代人看来，这些记录不过是天体运行规律的表现，记录的是纯粹的自然现象。然而，在古代中国，这些记录则具有

---

[1] 〔英〕M. I. 芬利主编《希腊的遗产》，张强等译，上海人民出版社，2004，第277页。
[2] 〔英〕G. E. R. 劳埃德：《古代世界的现代思考——透视希腊、中国的科学与文化》，钮卫星译，上海科技教育出版社，2008，第1~2页。

国家层面的重要意义,是上天传达下来的有关皇帝统治的合法性等有关国家政策、社会治理状况的信息。同样,古希腊人也注重天文观测,然而,希腊人进行天文观测的主要兴趣不是解释天象,而是构建演示日月和行星运动的几何模型,发现天体的规则性。因为,在古希腊人看来,"存在于天体中的规则性不仅仅是可预测性和可理解性的标记,也是秩序和美的标记。……研究天体的规则性能够帮助一个人调节他自身灵魂的运动——因此变成一个更好的人"。[1] 显然,古希腊传统中,天体研究不仅具有科学价值,也具有道德意蕴。可见,使用现代话语解释古代文献存在不可逾越的困难。

另一方面,我们使用古人的概念框架分析古代文献也不是明智的选择。由于自然演化和文明更替,古代典籍大多湮灭于历史长河之中,遗存下来的可能是沧海一粟;加之,古代文明水平低下,地理隔绝的作用远大于现代,十里不同音,百里不同俗;特别是生活在丰富多彩、高度发达的现代社会,现代人的思想观念和认识方式已经天然地具有所处时代的烙印。在重重困难中,人们能否遵循社会科学研究价值中立的理想,利用语义学、文字学等各种手段与方式,准确提炼出古代文明的思维方式与概念框架,显然是一个难以完成的大问题。

二 跨文化比较研究的一般原则

人们在面临上述困难时大致有三种反应。"第一种反应是假定不同的智力状态(mentalities)是某种观念或行为的明显的难以理解的根源。第二种反应是宣称那种情况反映了不可通约的信仰体系。第三种反应则相反,在解读中援引宽容原则(principle of charity),只要有可

---

[1] 〔英〕G. E. R. 劳埃德:《古代世界的现代思考——透视希腊、中国的科学与文化》,钮卫星译,上海科技教育出版社,2008,第23页。

能，就把他人的陈述当作是真的——按照我们的标准。"[1]

劳埃德认为，假定不同文明拥有不同的智力状态来消解理解古代文明所遇到的困难的方法是不可取的。因为这一假定充其量是对问题的一种描述，而不是对问题的解释与解答，是对问题的回避。特别是智力状态概念本质上是心理分析层面上的表述，它的获得方式、能力水平很难确切地判断和把握。他也认为不同信仰体系之间不可通约的观点是片面的。这种观点主张，不同时代不同文明中的人们所形成的观念和认识是完全不同的。即使同一个概念在不同时代不同文明的含义也可能存在较大不同。比如古希腊的时空观与古代中国和现代文明的时空观都有本质区别。因而，不同信仰体系的不可通约性使得理解和比较古代文明成了不可完成的任务。劳埃德承认不同时代的观念体系不可完全等同，同时他也看到二者之间存在内在的关联。一般来说，人们的认识能力是逐渐提升的，人类认识的进步都是建立在前人的认识基础上的。牛顿曾说过，他之所以能取得巨大的科学成就，是因为他站在了巨人的肩膀上。因而，现代人的思维与古人有所不同，但更有关联，经过研究训练，能够在一定程度上理解古人。同样，对于不同文明的比较研究也是可行的。人类发展进程中文化传播和文明融合不断推动文明进步的历史事实充分说明了根本不存在不同信仰体系的完全的不可通约性。

第三种反应即解读中的宽容原则是劳埃德进行古代文明比较研究时所赞同和坚持的。这一原则要求人们尽可能地从自己的观点出发，把其他信仰体系的陈述当作真的。事实上，在讨论古代文明的信仰、看法、行为模式等时采取宽容原则是必不可少的。古代社会包括现代社会存在各种不同的悖论和明显的非理性行为模式，这些行为模式在社会生活中常常作为传统而具有较大的作用。要想理解这些看似不可

---

[1] 〔英〕G. E. R. 劳埃德：《古代世界的现代思考——透视希腊、中国的科学与文化》，钮卫星译，上海科技教育出版社，2008，第3页。

理解的悖论或行为模式，只能采取宽容原则，先假定所有信息都是可以理解的，即使是不可理解性本身也应当看成一种可理解的现象。然后从自己的本体论假设出发开始建造沟通的桥梁。通过反复的沟通，不断修正初始假定，在这个过程中，可能了解到比预料到的更多的误导和被误导，直到获得更深入的理解。当然，由于大量古代文献历经世事浮沉、沧桑巨变湮没于历史长河之中，流传至今的已经是不完整的或者被有意识地保留下来的，不可避免地带有历史的或者种族的和阶级的偏见，从而要想达到对古代文明的完全理解状态也是极为困难的。

三 劳埃德中西比较研究的方法论原则

为克服上述困难，进行古代文明的比较研究需要借助合适的研究方法。其实，从事任何研究都需要借助合适的研究方法。笛卡尔曾说过："我觉得自己非常幸运，从年轻的时候起，就摸索到几条门路，从而作出一些考察，得到一些准则，由此形成了一种方法。凭着这种方法，我觉得有办法使我的知识逐步增长，一步一步提高到我的平庸才智和短暂生命所能容许达到的最高水平。"[1]同样，劳埃德在进行古代文明研究尤其是对古代文明的比较研究时也确定了基本的方法论原则。他的研究基于四条方法论原则。

第一条方法论原则是尽可能使用参与者而不是观察者的范畴进行历史研究。这一原则要求研究者不能凭借现代文明的优越感把先入为主的偏见强加于研究对象，而是要通过学习研究对象的语言文字，了解他们的习俗，把自己代入所研究的文明之中，通过与古代文明的对话与交流，达到尽可能的完全的理解与认识。对于研究古代文明而言，劳埃德提出的这一方法论原则至关重要。相较于现代文明，古代文明在许多方面都呈现出愚昧、落后、野蛮甚至怪诞，如果仅仅以观察者

---

[1] 〔法〕笛卡尔：《谈谈方法》，王太庆译，商务印书馆，2000，第4页。

的心态看待古代文明，许多方面都是难以接受的、不可理解的甚至应该拒斥的。只有以参与者的心态，以历史的发展的观点认识和分析古人的生活方式、思维习惯和信仰体系，才能以平等尊重的态度客观公正地理解和认识古代文明的历史价值和现代意义。

第二条方法论原则是进行历史研究时搞清楚观察描述中的理论先见。观察是否渗透理论、科学是否负载价值等问题曾经是科学哲学界争论的重要议题。美国科学哲学家汉森明确指出，任何观察都不是纯粹客观的。由于拥有不同的知识背景和理论素养，即使观察同一个事物和现象，也可能得出不同的观察结果。人们常说的"1000个人眼中有1000个哈姆雷特"就基于这一命题。受其影响，劳埃德承认在科学中没有与理论无关的观察，在科学史上不存在与理论无关的描述。关于古代文明的记录与描述可能包含着某些理论偏好和价值意含。在科学观念史上，"我们可能发现各种理论可能采用了逐字重复完全等价的命题，但是，它们的意义却时时取决于引起古代或现代作者关注的整个讨论语境"。① 因而，在分析和研究文献资料时需要尽可能地发现其中的理论意含，从而在充分考虑到时代背景、理论基础等前提下更加全面准确地理解古代文明。

第三条方法论原则是不能期望在科学和科学史研究中得到最终的确定性的答案。无论多么努力，历史研究所得到的结论不一定是最确切的。哲学家杜威曾说过："哲学时常抱有这样一个理想，想把知识完全统一起来。……不过知识已经达到了广大的综合性，达到了笼统的概括。但是，这种综合、概括启发了新的研究问题，开辟了新的探究领域，过渡到比较详尽的和各种各样的知识。在知识的进步中所包含有多方面的发现，启发了新的观点和方法，这个事实就驳斥了那种认为可以在理智的基础上完全把知识综合起来的想法。"② 同样，新的科

---

① 〔英〕M. I. 芬利主编《希腊的遗产》，张强等译，上海人民出版社，2004，第277页。
② 〔美〕约翰·杜威：《确定性的寻求：关于知行关系的研究》，傅统先译，上海人民出版社，2004，第315页。

学理论、科学事实、科技发明层出不穷也表明科学探索所得到的科学理论与结论都不再是确定性的终极结论,不过是当前发展阶段所得到的解释性最强的结果。即使如此,劳埃德认为,我们也不能放弃努力,因为,其中总会蕴含有价值的真理性的内容。

第四条方法论原则是尽量避免字面/隐喻两分法,在分辨每一个词的字面意义的同时,还要重视其展现出来的一定程度的语义延伸的内容。理查德·罗蒂认为,隐喻是与知觉、推理同等重要的人类信念的第三源泉,是重织人类信念和愿望网络的第三动力。因为,信念的变化与一个人的语词意义的大量变化是不可区分的。大多数隐喻表面上看起来是假的,将来却有可能变成真理。然而,在海德格尔看来,隐喻的力量"不是要完善我们的愿望和信念网络,而是要使之变得更困难,不是要重织这样的网络,而是要提醒我们注意其历史偶然性"。[1] 无论他们的观点存在多大分歧,他们对隐喻的作用的肯定是一致的。劳埃德也主张历史研究中应当重视隐喻,这样能够使不同语言的相互翻译尽可能地保持连贯性。其实,随着人类认识能力的提升和文明程度的提高,人们已经发现,"我们用来表达我们共有确信和希望的语词是注定要被废弃的,我们将始终需要新的隐喻、新的逻辑空间、新的行话,将永远不存在一个思想的最终休息点,也没有一个作为严格科学的社会哲学"。[2]

四 劳埃德中西比较研究方法论的现代价值

劳埃德提出的方法论原则对于我们研究古代文明具有十分重要的意义和价值。其一,劳埃德的方法论原则确立了研究古代文明的基本立场,即以认真的态度对待其他文明。对古代文明的研究由来已久。

---

[1] 〔美〕理查·德罗蒂:《后哲学文化》,黄勇编译,上海译文出版社,2004,第33~34页。

[2] 〔美〕理查·德罗蒂:《后哲学文化》,黄勇编译,上海译文出版社,2004,第37页。

然而，许多人类学家在理解与现代人具有不同信仰与习俗的古人，特别是原始人时，或者常常带有挥之不去的傲慢与偏见，把古代的视为野蛮的、落后的；或者必然依赖作者和读者共有的一种对'家乡'文化的或显或隐的理解——而对'我们的文化'的说明常常极其简单，比对'其他的文化'的说明粗略单一得多"。① 这将导致以自己的文化为标尺去衡量其他文化，从而抹杀文化的丰富性。劳埃德告诉我们，古代文明中蕴含着非常丰富的值得现代人学习和借鉴的内容。只要我们尽可能深入地沉浸在有关文化的整体中，努力发现其内部各个组成部分之间的相互联系，就会发现文明的发展是多元化的。各个文明虽然走上了不同的发展道路，形成了不同的信仰与习俗，但是都有着各自的优势与独特之处。如果打破自己文化的思维框架，以认真的态度对待其他文明，必将有助于消除不同文化之间的误解与隔阂，增进相互理解与交融。

其二，劳埃德提出的方法论原则是建立在对当代科学哲学理论的理解与把握之上的。在他看来科学哲学和科学史研究不可分，既不能脱离开科学史上的具体案例来研究科学哲学中的理论争论，也不能脱离开科学哲学的理论成果来研究科学史。应用科学哲学理论进行古代科学史研究，提升了研究的深刻性。毫无疑问，对文明起源的研究一直是学术界研究的热点。以往的古代文明研究常常采用考古学、人类学、历史学方法。哲学家保罗·费耶阿本德曾说过："有三种方式可以追索古代自然观的变迁。考古学公布物质遗产，令我们得以由此推断其同时代文化中的观念和知识。广义的神话研究，即对传说、童话、礼仪、俗语、秘仪、歌咏、叙事诗及梦的研究令我们得以鉴别并部分破解史前知识的碎片，作为对间接获得的观念的补充。比较文化人类学则最终向我们表明，当今无文字的微社会如何将观念和自然'事

---

① 〔英〕皮克斯通：《认识方式：一种新的科学、技术和医学史》，陈朝勇译，上海科技教育出版社，2008，第31~32页。

实'、社会状况以及工具等联系起来,并对考古学和神话研究发现的元素加以相应的补充。"① 其久负盛名的自然哲学就是结合了历史学方法的发生学研究。劳埃德研究则不局限于历史学方法。他不仅关心古代文献资料中展示出来的史实,更重视以科学哲学理论为思维框架,去分析和发现研究文献资料的内在意含,从而使得研究更加深入。

其三,劳埃德提出的方法论原则增强了古代文明研究的开放性和包容性。进行古代文明研究时,人们也总是希望能够完全地理解古代文献,进而发现湮没于历史长河中的事件与思想的真相。然而劳埃德宣称,即使我们充分考虑到古代文献资料的理论先见和隐喻因素,也并不总能得到确定性的结论。这一主张看似否定了理解古代文明的可能性,实质上为理解古代文明提供了更为广阔的研究空间和更多的可能性。相比较当代研究而言,古代研究不确定性更多。对现存资料的重新研究以及新的文献资料的发现都可能改变甚至推翻以往的研究结论。因而,始终保持开放和包容的态度,更能避免研究的狭隘和偏颇。

就像劳埃德自己所承诺的,这四条方法论原则为古代文明比较研究提供了一个更为合理的基础,使我们能够通过对跨越不同学科的古代研究者所流传下来的文献典籍、思想认识的仔细推敲和反复思考,得出尽管不是不容置疑的确定性的判断,但是暂时的合理的有说服力的结论。

---

① 〔德〕保罗·费伊阿本德:《自然哲学》,张灯译,人民出版社,2014,第33页。

形而上学何以实现?

——基于亚里士多德灵魂观与荀子心论的比较考察

孙 伟[*]

摘 要：形而上学是古今中外哲学所追寻的最终目标。亚里士多德虽认为灵魂的最高层次是对身体的超越，而 contemplation 这一概念是从实践理性到理论理性跨越的必要途径，但对于这一概念与实践智慧的关系及其内部的运行过程未涉及。因而，如何借助别的思想家的相关思想来深入理解亚里士多德所提出的这一概念，就成为理解亚里士多德形而上学的关键所在。荀子所提出的"道"的实现方式——"虚壹而静"，或许可以成为理解亚里士多德 contemplation 概念以及主动心识和被动心识、理论理性和实践理性之间关系的一条途径。借助这一方法，我们可以进而探讨被动心识如何上升成为主动心识，实践理性又是如何跨越成为理论理性，从而为理解亚里士多德的形而上学思想提供一种可借鉴的途径。

关键词：实践心识 理论心识 contemplation 虚壹而静

形而上学是古希腊哲学尤其是亚里士多德哲学所要追寻的最终目

---

[*] 孙伟，哲学博士，北京市社会科学院哲学研究所所长、研究员，主要研究方向为中国哲学、中西比较哲学。

标。而"形而上学"一词虽然在中国古代哲学中很难找到完全对应的术语,但其意旨和所要实现的境界也同样是中国古代哲学所追寻的终极境域——"道"。形而上学之所以能够成为古今中外哲学所恒久关注的一个主题,就在于古今中外哲学都关注这样一个问题,即作为尘世间的人如何能够通过内在的努力而实现灵魂的超越和生活的安宁。围绕着这一问题,古今中外的哲学家提出了各自的主张。对古希腊的柏拉图而言,灵魂是神圣而不朽的、可以脱离开肉体的存在。而对于亚里士多德而言,灵魂虽依赖于作为质料的身体,但作为能动的努斯而言,它又是可以与身体相分离的,因而是永恒和不朽的。这样,对于亚里士多德的研究者而言,灵魂究竟是可分离的永恒不朽存在,还是完全依附于身体质料的形式,抑或是二者的结合,就成为一个研究中遇到的难题。而在灵魂与肉体关系的基础上,我们还可以进一步发现亚里士多德实践理性与理论理性之间存在的张力。虽然我们能够从亚里士多德的文本中寻找到解决这些问题的部分线索,但对于灵肉之间的关系、灵魂究竟如何成为永恒不朽的存在以及实践理性如何能够上升到理论理性这些问题,则无法得到确切的答案。在这一点上,儒家荀子或许可以为这些难题提供一种可能的解答。本文力图从荀子《解蔽》篇中关于"虚壹而静"的思想入手,探讨这一概念如何有助于解决亚里士多德的心身关系乃至日常德性实践和最终形而上之"道"间的张力问题。

一 亚里士多德的灵魂观

对于灵魂与肉体的关系,亚里士多德说:

> 感受(感应)无论其为主动的或被动的,没有离于身体而发生的;愤怒,奋励(热忱),欲望,以及一般的感觉都是这样的,唯思想可能是一个例外。但,思想,如果也是被感觉印象(臆想)

所激发的某种活动形式,或至少可说,若无如此活动,思想便不得发生,那么,思想也不能离身体而自在。……灵魂的感受(感应)实是凭物质(身体)表现的内蕴意识。(《灵魂论》,403a6-25)①

从这段话可以看出,亚里士多德似乎主张灵魂是与肉体紧密联系在一起的。灵魂中的思想是受到感觉印象的激发而产生的活动,而感觉印象又来自肉体对外界事物的反应,因此灵魂与肉体是不可分割的,肉体的感受或感应甚至是思想的前提和基础。在这个意义上,灵魂不是永恒不灭的,它随着肉体的灭亡而消亡。对于亚里士多德来说,灵魂是肉体的形式和本质,但它也必须要通过肉体才能在现实中存在。所以,亚里士多德说,"灵魂是具有诸官能的自然物体的原始实现",而人们也无需怀疑"物身与灵魂的合一"了。(《灵魂论》,412b5-6)

亚里士多德说:

> 一个动物生育一个动物,一棵植物生殖一棵植物,蕃殖后裔是生物界唯一可得参予于宇宙(大自然)的"永恒与神业的"方法;每一生物恰都力求要把自己垂于永恒,而这正是所有它们所以备有种种自然机能的极因(目的)。(《灵魂论》,415a29-415b1)……
> 它们(生物界)不能托自己的存在之延长,参预〔宇宙的〕永恒与神业,它们既是可灭坏的事物,这就不能以其数为一而相同的个体,以入于永恒,于个体而论,它们自己的存在虽或较长,或较短,却终是要灭坏的;它们企图进到永恒而参与神业的唯一可能的道路,只有期之于与己形式相类同的嗣承个体,这样的类同个体,当然不能其数为一,但在品种上确乎为同一。(《灵魂

---

① 本文所引亚里士多德著作的中译文主要参考吴寿彭译的《灵魂论及其他》(商务印书馆,2009)、苗力田译的《尼各马可伦理学》(中国人民大学出版社,2003)、廖申白译的《尼各马可伦理学》(商务印书馆,2003)。个别译文有调整。

论》,415b5 - 9)

由此可见,亚里士多德的确认为灵魂应与肉体合一,随着肉体的消失,灵魂也将一同消亡。正因如此,人如果想要达到与天地为一体的永恒,参与到永恒的宇宙之中,就需要通过繁殖后裔的方式。后裔与祖先由于有血缘上的相近性,因而在肉体和灵魂上都是接近的,这样随着后裔一代一代的传承和延续,人就可以被视为永恒的存在。亚里士多德的这一思想与中国古代"生生之谓易"的思想颇为相近。

以上是亚里士多德在《灵魂论》第二章中对灵魂的看法。然而到了第三章中,亚里士多德又提出了一种新的观点,即灵魂与肉体既是合为一体的,但又是相对独立的存在。亚里士多德说:

> 在作主体活动中的心识是"(独立的)可分离的,不被动的,是单纯的(不含杂物的)";主动要素总是优于被动要素,原因(本因与动因)总是高于物因(材料)。……心识,可是,只有在它"分离了"以后,才显见其真实的存在。只有在这情况,它才是"不死灭的,永恒的"。既然它不是被动体[而是主动体],所以它不作记忆[于以前的活动无所回想],作为被动体的心识,是要死灭的,而灵魂(理知灵魂)失去了被动心识就再不能思想(理解)任何事物(任何实用思想的外感客体)了。(《灵魂论》,430a17 - 25)

在这里,我们可以发现,亚里士多德似乎将灵魂中的心识分成了两种,一种是独立的、可分离的主动心识,它是永恒不灭的,不随肉体的灭亡而消亡。另一种是与肉体结合在一起的被动心识,它会随着肉体的灭亡而消亡。辛普里丘(Simplicius)在对这一篇章的注疏中认为亚里士多德在这里继承了柏拉图灵魂不死的观念并具体发展了它。他认为,亚里士多德比起柏拉图在《斐多篇》中提到的灵魂"不可毁灭"的观点,更增加了"永恒"的观点。[①] 灵魂之所以是"永恒"的,就是因为"被动的心识是会毁灭的"。因此,对于亚里士多德来说,"理论心识"具有永恒性并且是可以与人的肉体乃至人的"实践心识"相分离的。

如果灵魂不需要通过人类代际的传承而达到永恒,也就是说,主动的心识本身就可以达到永恒,那主动心识与被动心识之间的关系是怎样的呢?我们先来看亚里士多德对主动心识和被动心识的定义。亚里士多德说:

> 这里所说的心识,须是备有计算功能的"实用(实践)心识",实用心识所顾虑的,专在如何获致所企求的客体(目标,或终极),"理想心识"则没有自己的终极(无所企求);而欲望的种种形式总舍不了有一个企图(目标):欲望(贪欲)的客体正是实用心识的刺激物;这个客体既是思想过程的"终端",又是行动过程的始点。(《灵魂论》,433a12 – 18)

由此可见,实用心识就是针对外界客体的心识,类似于实践理性,是在现实活动中应当遵循的正确原则,但因为它本身是关于现实世界活动的思考,因而必然受限于外界客体,因而是被动心识。而理想心识则是对于真理本身的认识,相当于理论理性,是与外界客体没有直接关系的,因而是主动心识。辛普里丘认为,亚里士多德的实用心识(实践理性)与理想心识(理论理性)在目的上是不同的。理想心识的目的是真理,而实用心识的目的是现实的利益。对于理想心识来说,最终目的是通过理论性的沉思或思辨(contemplation)实现,而对于实用心识来说,最终目的是在实际的行动之后达到。从这里我们可以看

[①] Simplicius, *On Aristotle On the Soul 3. 1 – 5*, trans. H. J. Blumenthal, London: Bloomsbury Academic, 2000, p. 116.

出，理想心识和实用心识在最终目的上是不同的。因而，亚里士多德将灵魂中的心识（理性）分成了两个部分，实用心识是与肉体的各种需要结合在一起的，而理想心识则是与肉体需要分开的。既然灵魂可以分为理想心识和实用心识，那二者的关系是怎样的呢？二者真得是完全隔离无关的吗？

在《尼各马可伦理学》中，亚里士多德认为实用心识（实践理性）是为理想心识（理论理性）做准备的阶段，它并不能主宰高层次的理想心识，却是实现理想心识过程中的必经阶段。亚里士多德说：

> 即使实践智慧不引起实践，它也是需要的。因为它是它所属的灵魂的那个部分的德性。……然而，实践智慧并不是智慧的主宰，也不是灵魂更高部分的主宰。正如医学不能是健康的主宰一样。医学并不能主宰健康，而是为健康的形成提供必要的帮助。（《尼各马可伦理学》1145a1-9）

身体的健康来自自身免疫力的增强，医学也只能帮助人恢复或增强自身的免疫力，从而获得健康。同样的道理，实践智慧或者说实用心识也并不是人的灵魂的最高本质，它恰恰是实现理论理性这一人的最高本质的必要基础。通过实践智慧，人的理论理性的实现才具备了现实的基础。但在这里还有一个问题，那就是实践智慧虽然为理论理性的实现奠定了基础，但并不意味着实现了实践智慧就自动实现了理论理性。在实践智慧和理论理性之间还存在一个关键环节。亚里士多德说：

> 恰正有人于一个所谓"点"竟就说成"既为一，又为两"，依他的命意，"点"是可分离的。按照这样的论据，来解我们这里的疑难：作为审辨机能，这是不可分离的，在作审辨的顷刻间，表现其为活动的"单"体；但当这同一个"点"号（标志），在

同一时刻，而作两个方向的两度应用时，这是可分离的"两"。于是，当把这点看作一事物两端的"限止"，这就被说成为审辨两个分别事物之"两"，但，这点被喻为单个审辨机能，在一项刻中，行其审辨功夫，这就成了"一"。(《灵魂论》，427a10 – 15)

亚里士多德的这段话与荀子"虚壹而静"的思想极其相似，与柏拉图"通观"的思想也非常接近。① 亚里士多德也同样强调在保证多样性的前提下，进行统贯联系和综合性理解的重要性。事实上，"一"和"多"是不可分割的，既要有关于事物多样性的感性认识，也要有对于这些感性认识的统贯性思考。这个过程其实就是柏拉图所说的"通观"。这样看来，亚里士多德似乎是认为在实践智慧和理论理性之间应当保持一种"通观"的状态，唯有如此，才能实现二者之间的过渡。

事实上，亚里士多德在《尼各马可伦理学》中提出的 contemplation 概念就是在心识与灵魂结合的前提下实现理论理性的唯一途径。在《尼各马可伦理学》第十卷第七章中，亚里士多德谈到了 contemplation 的几个特征。首先，contemplation 活动是最好的，而且具有持续性，追求 contemplation 本身就会给我们带来持续不断的快乐，再有就是自足性。这就表明，contemplation 本身是一种超越功利和世俗生活的活动。这种沉思或者思辨的活动因为摆脱了外在世俗事务的牵绊而具有自足性，不再依靠外在事物的得失或成败而喜怒，从而拥有了最纯净的愉悦。我们也可以看出，虽然 contemplation 具有超越功利和世俗生活的特征，但它本身并没有超越人的理性范围。人类并没有因为能够进行 contemplation 的活动而变成神，因为我们只是在某一个时间里进行 contemplation 活动，而神则时时刻刻进行 contemplation 活动。事实上，之所以人类只能在某一个时间里进行 contemplation 活动，就是因为人本

---

① 参见拙文《"通观"与"虚壹而静"——柏拉图灵魂说与荀子"神明"观之比较》，《哲学研究》2021 年第 3 期。

身是有局限性的，人自身的身体和精神都是受制于外在条件的。对于人的 contemplation 活动而言，它并不是完全自足的，也不能够摆脱外在条件的制约，它其实还需要一定外在善的帮助和支持，比如一个好的身体或一定的财富等。"作为一个人，思辨总要求有外部条件，进行思辨的本性本不是自足的。它要求身体的健康、食物以及物品的供给。"① 因此，人类所能实现的 contemplation 活动是在理性的范围内的、超越功利和世俗生活的理论思辨。这种理论思辨不再拘泥于实践智慧所强调的伦理道德规范和德性修为，而是在更高层次上对于宇宙和人生之道的形而上把握。因而，这一理论思辨虽未达到神对自身思辨的地步，但也与神性的思辨极为相似。然而，虽然亚里士多德提出 contemplation 这一概念来实现从实践智慧到理论思辨的跨越，但对于这一概念与实践智慧的关系以及其内部的运行过程则未涉及，而 contemplation 究竟应通过何种方式和途径实现对实践智慧的超越也终未可知。因而，如何借助别的思想家的相关思想来深入理解亚里士多德所提出的这一核心概念，就成为理解亚里士多德形而上学思想的关键所在。

二 托马斯·阿奎那的"沉思"（contemplation）

与亚里士多德对理性的推崇不同，经院哲学家托马斯·阿奎那认为，人类的理性是有限度的，它所能达到的顶点只是上帝存在、上帝唯一这样的真理，但上帝三位一体等更高的真理则是完全超越人的理性能力的。② 阿奎那说："有些事情显而易见属于神的理智范围，完全超越人类理智的本性。……所以，上帝有些事情，人类理性是能够懂的，有些却完全超越人类理性的能力。"③ 因此，在阿奎那看来，人类

---

① 亚里士多德：《尼各马可伦理学》，苗力田译，中国人民大学出版社，2003，第227~228页。
② 赵敦华、傅乐安编《中世纪哲学》下卷，商务印书馆，2013，第1447~1448页。
③ 赵敦华、傅乐安编《中世纪哲学》下卷，商务印书馆，2013，第1448页。

的理性并不是至高无上的,它也有它自己所使用的范围和限度。在这一前提下,阿奎那就预设了"上帝之城"的存在,并且"上帝之城"的真理并不掌握在人类理性的手中。阿奎那说:"神意规定了人朝向一种更高的善,这种善,由于人性的软弱,人们在现世生活中是无法经验的。所以必须唤起心灵去关注比我们的理性在现世所能把握的更高的东西,以利于认识清楚而努力研究和追求那些超越现世生活情况的某些东西。这就是基督宗教的首要任务,唯独它许诺这种属灵的和永恒的善,为此它提出了许多超越人类理解能力的命题。"①

人凭借自己的理性是无法认识上帝的本质的。阿奎那说:"人的理性认识信仰的真理,只是思索到某些近似性。这真理只有对那些目睹神圣实体的人才是最为清楚明白的。而理性所思的这些近似性并不足以使上述真理以证明的方式或在其自身中被理解。"② 如果理性并不能实现对于上帝本质的认知,那通过什么样的途径才能实现这一目的呢?阿奎那与亚里士多德相似,也提出了 contemplation 的概念,但对它进行了更为清晰的界说。

在《圣经评注》(*Commentary on the Sentences*) 中,阿奎那将 contemplation 分成了两种:一种是通过理性的思考而实现的并不完美的 contemplation,另一种是通过信仰在天国中所观照到的真理。

> 对于上帝的沉思(contemplation)有两种类型。一种类型是通过一种不完美的方式,即理性的方式,也就是哲学家所使用的沉思方式来实现思辨的幸福和生活的幸福……另外一种类型是对于上帝的沉思,在这种沉思中,上帝通过他的本质被直接观照到,这是一种完美的方式,并且是在天堂中存在,而人也有可能根据信仰来实现它。③

---

① 赵敦华、傅乐安编《中世纪哲学》下卷,商务印书馆,第 1452~1453 页。
② 赵敦华、傅乐安编《中世纪哲学》下卷,商务印书馆,第 1458~1459 页。
③ Thomas Aquinas, *Scriptum Super Sententiis*, Fordham University Press, 1980, q. 1 a. 1 co.

在《〈以赛亚书〉字义阐释》(*Expositio super Isaiam ad litteram*) 一书中，阿奎那又将 contemplation 分成了三种类型：一种是理性的哲学家式的 contemplation，另一种是信仰的圣徒式的 contemplation，还有一种是在天国中对于上帝本质的直接观照。

> 有一种是通过理性原则对于不可见事物的沉思，哲学家们将这种沉思视为人类最高的幸福。然而，还有一种沉思是通过信仰实现的，这就是圣徒的方式。还有一种在天堂中的神圣的沉思，在这种沉思中，人被荣耀之光提升而能够直接观照到上帝的本质。[1]

我们可以看到，虽然阿奎那试图解决亚里士多德 contemplation 概念所遭遇的困境，但其对 contemplation 的解说在某种程度上偏离了亚里士多德的原意。在亚里士多德那里，人虽然只是在很少的时间里可以达到对于"神性"的一瞥，但人毕竟还是可以在理性心识的范围内实现这种神性的观照。虽然神能够时时刻刻观照自身，但人毕竟还有机会来实现这种观照，因为人性也可以在某个瞬间实现神性的观照。但在阿奎那看来，人的理性是不可能对上帝最高实体进行 contemplation 的，只有用基于信仰（faith）的 contemplation，才能对上帝进行更高层次的观照和认知。而最高层次的 contemplation 则只有在天堂中才能实现。

阿奎那虽在神学与尘世的二元世界意义上来解读实践智慧与理论理性的这一区分，却未能在二者之间搭设一条完整的桥梁。因此，阿奎那并没有真正解决亚里士多德的 contemplation 所遇到的问题。在这种情况下，如果我们很难从西方古典哲学中找到解决这一问题的途径，那就让我们把目光转向东方，来看看儒家荀子的思想中有没有可以解

---

[1] Thomae de Aquino, *Expositio super Isaiam ad litteram*, Roma: Editori di san Tommaso, 1974, I. 1.

决这一问题的线索。

三 荀子的"虚壹而静"

荀子在《解蔽》篇中说：

> 人何以知道？曰：心。心何以知？曰：虚壹而静。心未尝不藏也，然而有所谓虚；心未尝不两也，然而有所谓壹；心未尝不动也，然而有所谓静。（《荀子·解蔽》）

很显然，荀子认为人要认知和理解"道"的方式就是通过心知。而心知何以能够实现？这就要通过"虚壹而静"的过程。我们先来看"虚"的含义。荀子说："人生而有知，知而有志。志也者，藏也。然而有所谓虚，不以所已藏害所将受，谓之虚。"（《荀子·解蔽》）在这里，"志"的含义是理性的认知。荀子似乎是在说，人生而即有感性认知的能力，但同时也有理性认知的能力。人心虽然有理性认知的能力，但这种人心所储藏的永恒理性知识不能阻碍进一步的感性认知，只有这样，各种差别性的感性认知才能进入心中。唯有如此，人才能突破自我的偏见，实现包容和超脱的内心。这就是"虚"，也即使自己内心虚怀若谷的用意所在。

对荀子来说，当人心具备了多样性的不同知识时，就需要做进一步的工作将这些知识统一起来。荀子说："心生而有知，知而有异，异也者，同时兼知之。同时兼知之，两也。然而有所谓一，不以夫一害此一，谓之壹。"（《荀子·解蔽》）在这里，荀子认为心虽然能够通过"虚"的过程吸纳不同的知识，但这些不同的知识间必须要保持统一性，各种知识要在维持自身独立性的同时兼容其他知识。这其实就要求人心具有"壹"的能力，这就是一种在世界万有知识的基础上探索其形而上本源的过程，也就是一种抽象思辨的过程。从这里，我们可以看出,"虚"的过程就像是亚里士多德所提到的伦理德性积累和实践智慧塑造的过程,而"壹"的过程就像是亚里士多德理论思辨的过程。缺乏了伦理德性和实践智慧的知识积累,理论思辨也无从形成;而缺乏了理论思辨,伦理德性和实践智慧也无从提拔自身而成为超越性本体。

对荀子来说,在"虚"和"壹"之后,还有一个"静"的过程。这其实是对前两个过程的最终保障。荀子说:"心卧则梦,偷则自行,使之则谋;故心未尝不动也;然而有所谓静;不以梦剧乱知谓之静。"(《荀子·解蔽》)在这里,荀子认为人无论是在睡觉还是思考等过程之中,心都时时刻刻在动,而各种幻象和梦境也可能会扰乱一个人正常的心知。因而,要实现真正的道,还必须要学会"静"的功夫。在理论思辨的过程中,人思考的对象不再是一个个具有现实图像的个体,而是具有超越性的本体。如果一个人没有沉静内心、破除幻相的能力,就无法认知那隐藏在各种幻相背后的真实本体。荀子说:

> 虚壹而静,谓之大清明。万物莫形而不见,莫见而不论,莫论而失位。坐于室而见四海,处于今而论久远。疏观万物而知其情,参稽治乱而通其度,经纬天地而材官万物,制割大理而宇宙里矣。恢恢广广,孰知其极?睪睪广广,孰知其德?涫涫纷纷,孰知其形?明参日月,大满八极,夫是之谓大人。夫恶有蔽矣哉!(《荀子·解蔽》)

在荀子看来,实现了"虚壹而静"的状态之后,就达到了"大清明"。这是一种摆脱了物质世界具体形相的境界。在这种境界中,宇宙万物的运行规则都为人所通晓,而人也摆脱了外在形相的限制,呈现出变化盛多而莫测之形,[①] 因而达到了无形无状、不生不灭的境地。在

---

① 王天海:《荀子校释》下册,上海古籍出版社,2005,第854页。

这样一种境界中,人就实现了对于世界普遍性和永恒性的追求。

从这里可以看出,荀子的"虚壹而静"或"大清明"超越一般的德性活动和概念之上。① 对荀子来说,"虚"可以用来实现超脱的心,避免偏见,从而能够容纳和积累各种不同的知识和观点,更加全面地理解这个世界。"壹"则是要探索隐藏在各种表面上不同的知识和观点背后的形而上根据。虽然知识可以有不同的学科和门类,但在这不同的学科和门类的知识背后,一定有一个统一、连贯的、独一无二的形而上本源。因而,"壹"的过程其实就是追寻这种形而上本源的过程。"静"则意味着我们只有克服心中的所有幻相才能实现"道"。在达到了"虚壹而静",也就是"大清明"的状态之后,一个人就能够用他积累的关于世间万物的最完备知识和追寻形而上本源的超越境界来认识这个世界并实现自我超越,从而获得关于这个世界的"道"。正如"虚壹而静"所体现出的那样,容纳所有德性活动乃至宇宙最高原则是为了对它们进行一种一致性的思考,从而达到"道"的境界。亚里士多德的 contemplation 恰好在这一点上非常接近荀子所说的"虚壹而静"。Contemplation 同样也是一种对于人类最优部分(理性)和宇宙最优部分(努斯)的理论思考,这也就是对德性活动和宇宙本身的理论思考,它并不局限于某种具体的德性行为之中,而是对于德性行为和宇宙原则的形而上把握。这样,通过荀子"虚壹而静"思想,我们能够更为清楚地理解亚里士多德的 contemplation 是在理性的范围内对于

---

① 国内学者对于荀子"虚壹而静"思想的形而上特性也进行了一定程度的研究。丁四新认为,荀子的"天"通过下落为心性而内化为人的一部分,因而"知天"就意味着认知这种通过心性内化的"在人者"的天。外在的天只有通过内在的天,才能达到真正的知、真正的治。而荀子所说的"虚壹而静"实是知性主体在对道体的把握中,与道合一进而与天合一的明澈朗照,心外的事事物物也完完全全消融在纯思的把握中而毫无隔碍。李翔海则认为,荀子提出的"虚壹而静"修养功夫使得人心平正而不邪僻,清明而不昏昧。秉此"大清明"之心,就足以认知礼义之道,逐渐将礼义之统所揭橥的道德规范内化为自己的理性自觉并渐臻"至诚"之境。(参见丁四新《天人·性伪·心知——荀子哲学思想的核心线索》,《中国哲学史》1997 年第 3 期;李翔海《从心性学说看荀子思想的学派归属》,《哲学研究》1998 年第 10 期。)

宇宙最高原则的形而上把握,而不是在信仰的范围内对于上帝最高实体的把握。

通过与亚里士多德哲学的比较研究,我们可以发现,荀子的"虚壹而静"思想的最大价值在于重新确立了人的理性的主体性地位。人的理性可以通过有步骤、有阶段的发展而实现对于世界和宇宙最高原则的形而上认知,这是对于亚里士多德形而上学研究最重要的启示之一。

略论20世纪中西哲学会通的几种形式

王玉峰[*]

摘　要：20世纪是中西哲学相互影响和发展的世纪，出现了许多新的哲学形态。梁漱溟、冯友兰、贺麟和牟宗三他们会通中西哲学的工作都是非常具有代表性的。梁漱溟深入分析了中西文化背后"人生意欲"方向的问题，阐述了中西家庭和社会的差异。冯友兰先生撰写的《中国哲学史》则有力地回应了中国是否存在哲学这个问题，它本身就是中西哲学会通的典范之作。贺麟在深入把握斯宾诺莎和黑格尔等近代西方唯理论传统的同时，创造性地分析了中国传统理学中的"知行合一"问题以及在宋儒那里作为一种认识方法的"直觉法"。牟宗三虽然囿于康德哲学的视野，对很多问题的理解有所偏差，但是他基于大乘佛学对西方哲学的批判则是非常天才的。这些学者的工作都堪称典范。

关键词：中国哲学　西方哲学　人生意欲　知行合一　直觉法

---

[*] 王玉峰，哲学博士，北京市社会科学院哲学研究所研究员，副所长，主要研究方向为西方哲学、中西比较哲学。

20世纪是人类文明极其不平凡的一个世纪,在其上半叶不到50年的时间里爆发了两次世界大战,无论是东方还是西方皆受战火荼毒,生灵涂炭,但是20世纪又是人类科学和文明突飞猛进的一个时代,二战以后,东西方文明不断碰撞和交融,创造出了许多新的文化形态。哲学,无论是西方哲学还是中国哲学,在20世纪也有许多重大的发展和变化。德国唯心论之后,胡塞尔、海德格尔的现象学影响深远。欧美则在弗雷格等人工作基础上大力推进了分析哲学传统。这些都是西方哲学在20世纪新的发展和变化。中国哲学在20世纪的发展和变化则更加巨大,主要有三个重要的方面。

第一是西方哲学各种思潮在中国的译介和传播。根据汤一介先生的看法,中国历史上曾经有两次大规模的文化传入,一是1世纪以来的印度文化,二是近代的西方文化。① 印度文化给中国带来了佛教,佛教既是哲学也是宗教,它深刻地影响了以儒家思想为主体的中国文化。佛教传入中国后,逐渐与儒家和道家思想相融合,形成了以儒释道三家思想为主体的中国思想基本格局。第二次西方文化的传入主要给中国带来了西方的哲学和科学。在可以预见的未来,西方哲学和科学在中国的影响会越来越大,越来越深。从西方哲学在中国传入的早期方面看,严复先生的贡献和影响是无与伦比的,他不仅译文优美,更重要的是学术眼光十分独到。他翻译的《天演论》一时洛阳纸贵,达尔文的进化论思想深刻地影响了当时的社会以及学者们的思想观念,直至今日还在中国产生着广泛而深刻的影响。"其后,继之而有叔本华哲学、尼采哲学、古希腊哲学、无政府主义、马克思主义、实用主义、实在论、德国19世纪哲学、分析哲学、维也纳学派、现象学、存在主义、结构主义、解构主义、后现代哲学等等。"② 西方这些哲学思潮传

---

① 汤一介:《20世纪西方哲学东渐史》总序,《20世纪西方哲学东渐史:中国本土文化视野下的西方哲学》,首都师范大学出版社,2002,第1页。
② 汤一介:《20世纪西方哲学东渐史》总序,《20世纪西方哲学东渐史:中国本土文化视野下的西方哲学》,首都师范大学出版社,2002,第13页。

入中国后深刻地影响了中国的传统思想格局,也深刻地影响了中国传统社会。目前,我们仍然处于近代以来的这场规模宏大的西学东渐过程中。通过西学东渐,中国的知识分子接触到了一个与自身文化有着某种根本上的异质性的强势他者。

中国传统的学术在面对西方哲学的时候,不得不重新审视自己。这种审视的结果是革命性的。按照西方传统的理论科学与实践科学的划分,哲学是一门最高的理论科学,它高于伦理学和政治学。当中国传统学术审视自身的时候,一个很基本的问题就是中国是否存在这种意义上的"哲学"?

第二是"中国哲学"作为一门专业学科的建立。中国是否存在哲学,这个问题的答案并非自明的。近代,西方学者中黑格尔就认为中国没有哲学。在他看来,东方文化只是人类思想的开端,西方哲学才是人类思想的完成。中国的儒家仅仅包含了一些普通的伦理道德教诲,根本没有什么哲学。道家也仅仅具有一些朴素的自然哲学因素。《易经》虽然包含了一些抽象的概念,但是仍然停留在非常浅薄的思维层面上。黑格尔的看法影响非常大,他的看法其实是非常具有代表性的。因为按照西方哲学的理解,理论科学高于实践科学,哲学是一门最高的理论科学,它严格地高于实践科学,当然也高于任何宗教。西方学者在中国传统的学术和思想中没有发现作为一门系统的理论科学的哲学。

不过,就"哲学"(philosophy)作为一种广义上的对智慧的爱而言,我们中国传统学术和思想当然也是"爱智慧"的,只不过没有一门专门的系统性的"哲学"学科。根据汤一介先生的看法,在西方哲学传入之前,"在中国还没有把'哲学'从'经学'、'子学'、'史学'、'文学'等等分离出来使它成为一门独立的学科来进行研究,而'哲学思想'、'哲学问题'的研究往往是包含在'经学'、'子学'等之中来进行的。这就是说,我们还没有自觉地把它作为一门独立研究的对象"。①

　　黑格尔对中国传统学术和思想的批判当然存在一种偏见，他对中国思想和学术的了解也非常有限。中国传统学术和思想中虽然不存在西方意义上的专门的系统性的"哲学"学科，但是不可否认，中国传统学术中包含了丰富的哲学思想。19世纪末20世纪初以来，中国学者的一项伟大工作就是用西方哲学的方法和框架，整合中国传统经史子集等学术内容中的哲学思想部分，建立起一门专门的系统性"中国哲学"学科。胡适和冯友兰先生按照西方哲学的框架，分别撰写出了中国哲学史。其中胡适的《中国哲学史大纲》具有开创性的意义，它主要介绍了从西周到秦汉时期的中国哲学思想。冯友兰先生的《中国哲学史》、《中国哲学史新编》和《中国哲学简史》对于"中国哲学"这一学科的建立则是奠基性的，时至今日它们仍然是很多国家讲授"中国哲学"这一学科的教材。冯友兰先生系统性地梳理了从先秦到清末子学和经学的发展历程。冯友兰先生撰写的中国哲学史一方面确立了"中国哲学"这门学科研究和写作的典范，另一方面也有力地回应了"中国是否存在哲学"这个问题。冯友兰先生的工作是杰出的和具有决定性的，他用西方哲学的理念和思想框架重构了中国传统学术思想，打破了传统经学研究范式，抬高了子学的哲学地位，从而使传统的中国学术思想能够在哲学层面与西方哲学进行会通、碰撞和交流。

　　第三是"现代中国哲学体系"的建立以及中西哲学的会通。在西学东渐的大背景下，中国学者从20世纪30年代开始，纷纷建立了各具特色的"现代中国哲学体系"，这些哲学体系的创立是中国传统学术在现代逐渐走向自立和成熟的一个重要标志。汤一介先生认为："如果说，'中国哲学史'的研究是参照西方哲学为了说明有'中国的哲学'，是建立中国哲学的第一步，那么这里说的熊十力、张东荪、冯友

---

① 汤一介：《20世纪西方哲学东渐史》总序，《20世纪西方哲学东渐史：中国本土文化视野下的西方哲学》，首都师范大学出版社，2002，第6页。

兰、金岳霖则是在西方哲学的冲击下，或深或浅地借助西方哲学，来建立他们的现代中国哲学。"①

熊十力认为相较于西方哲学，中国哲学缺少认识论，因此他试图建立"量论"，但是他在这方面的工作并不成功。他最重要的著作《新唯识论》只是完成了本体论工作，而且主要是从大乘佛学入手的。因此虽然他也受到西方哲学强烈的影响，但是他的成就主要是缘佛入儒，而非"中西会通"。汤用彤先生早年留学美国，也受到了西方哲学很大的影响，尤其是美国当时流行的新保守主义，他的《汉魏两晋南北朝佛教史》在写作方法上颇受德国哲学史家文德尔班的影响，②但是他的思想还是非常正统的大乘佛学，而非某种西方哲学。张东荪的"多元认识论"和"架构论"以及金岳霖的《论道》虽然用到了很多中国哲学概念，但是他们的思想都更接近西方哲学系统。

近代以来，可以说，中国哲学学者在构建自己的思想体系的过程中，或多或少地都会受到西方哲学的某种影响。但是真正能够"会通中西哲学"的并不多。当然，这不是说不"会通中西哲学"的那些"现代中国哲学体系"就有什么缺陷，事实上熊十力和汤用彤等先生的思想都非常深刻与独到。无论是纯正的大乘佛学，还是缘佛入儒，抑或是会通中西，它们共同构成了精彩纷呈的现代中国哲学。

在中西哲学会通方面，梁漱溟、冯友兰、贺麟和牟宗三是其中杰出的代表。他们的工作堪称典范。梁漱溟和牟宗三基于某种本土文化立场，批判性地审视了西方哲学的优点与不足。贺麟更多地站在西方哲学，尤其是近代唯理论的立场上来重新诠释中国哲学。冯友兰"接着讲"的"新理学"则是在批判性地融合了西方的新实在论、逻辑实证主义与旧的宋明理学的基础上的一种哲学新创造。本文不求面面俱

---

① 汤一介：《20世纪西方哲学东渐史》总序，《20世纪西方哲学东渐史：中国本土文化视野下的西方哲学》，首都师范大学出版社，2002，第16页。
② 汤一介：《20世纪西方哲学东渐史》总序，《20世纪西方哲学东渐史：中国本土文化视野下的西方哲学》，首都师范大学出版社，2002，第16页。

到地论述整个西学东渐的过程和影响,只是希望通过研究梁漱溟、冯友兰、贺麟和牟宗三这四位中国近现代哲学家各自的中西哲学会通工作,呈现中西文化和哲学交融的几种典范性形态,以期为未来世界哲学的发展提供某种借鉴和思路。

一 梁漱溟的"中西文化及其哲学"

梁漱溟先生是中国现代新儒家早期代表人物之一,他的思想融贯中西,以儒家思想为主体,又批判性地整合了大乘佛学唯识宗思想和西方近代生命哲学等思想流派,形成了一个独特的人生哲学体系。梁漱溟先生早年受其父亲影响,信奉实用主义,二十岁起开始受大乘佛学影响,无论是思想上还是生活上都遵循佛教教义,但是从他二十七岁前后撰写《东西文化及其哲学》开始,他逐渐转向儒家,以后终身未变。和那个时代的很多思想家们一样,梁漱溟也受到了西方文化和哲学的强烈影响,柏格森和罗素的哲学对他影响都很大,但是他更多地是站在本土的儒家文化哲学立场上来审视西方文化和哲学的。

梁漱溟先生的《东西文化及其哲学》既是对东方文化的一种反思,也是对西方文化的一种回应。梁漱溟先生在本书中表现出的一个很大变化是对印度文化的态度,在思想上他一改对佛教的认同,把它看作意欲向后的文化类型,认为在当前情形下决不能走印度这条路。在这个时期,梁漱溟对文化的看法明显受到西方生命哲学的影响,认为文化背后的差异是意欲方向的不同。不同的人生态度决定了东西方文化发展方向的根本差异。正如他把印度文化看作意欲向后的,他把西方文化看作意欲向前的,而中国文化则是意欲持中的。梁漱溟对西方文化的心态既是开放的又是批判的,他既高度肯定了西方民主与科学的价值,又看到了西方文化在向外扩张、征服自然方面可能导致的种种问题。他对中国文化的心态则颇为矛盾,一方面他对传统文化的弊端深恶痛绝,认为中国文化缺乏科学精神,不过是一些故弄玄虚的"玄学",政治方面则完全是专制,缺乏自由民主的精神;另一方面他又高度肯定了儒家中庸的人生态度。总的来看,他还是站在传统儒家文化的立场上来吸收西方民主与科学精神,希望未来的世界是中西合璧,但以中为主的。

除了"人生态度三路向说"以外,梁漱溟先生还把中国文化、西方文化和印度文化放到了一种历史的维度中来考察,提出了"世界文化三期重现说"。根据他的看法,西方文化是人类的第一个历史阶段,中国文化是第二个阶段,印度文化则是第三个阶段。他认为中国文化和印度文化都是非常早熟的文化,但是它们都没有经历第一个阶段,就直接进入了下一个阶段。当时中国应该补历史的课,努力吸收西方文化的长处。很多学者注意到梁漱溟先生"人生态度三路向说"与"世界文化三期重现说"之间的差异,按照前者,中西印三种文化只是三种不同的文化类型,这些文化类型之间并没有历史的关系,但是按照后者,它们又处于一种连续的历史进程之中。问题在于,西方文化、中国文化和印度文化,如果它们存在一种历史的连续性,那么它们是否也有某种逻辑上的连续性?在这个问题上,梁漱溟先生的态度是比较模糊的。就他把中国文化和印度文化看作早熟的而言,他似乎认为在逻辑上,印度文化是中国文化的下一个发展阶段,而中国文化又是西方文化的下一个发展阶段。但是,他对于这三种不同文化类型发展关系的论述逻辑又是不够充分的。为何向前看的西方文化,要发展成持中的中国文化,持中的中国文化又必然发展成向后看的印度文化?

还有一个重要的问题就是,按照他对文化的本质的理解,不同文化的差异是背后人生意欲方向的不同,这样中国文化如何能在不改变人生意欲方向的同时吸收西方文化的长处呢?他的文化调和论何以可能?按照梁漱溟先生自己的看法,他是要发扬一种孔子"刚的态度",这种"刚的态度"既能够克服西方"向前"的态度的弊端,又能够克服"持中"的态度的保守。梁漱溟先生认为,"刚的动只是真实的感发而已。我意不过提倡一种奋往向前的风气，而同时排斥那向外逐物的颓流。……只有这样向前的动作可以弥补了中国人夙来缺短，解救了中国人现在的痛苦，而避免了西洋的弊害，应付了世界的需要，完全适合我们从上以来研究三文化之所审度。这就是我所谓刚的态度，我所谓适宜的第二路人生。"① 梁漱溟先生的看法，在今天仍然具有重要的借鉴意义。

在中西伦理与社会的差别方面，梁漱溟先生的很多见解也是非常深刻和独到的。他认为中国是一个"伦理本位""职业分立"的社会。与西方社会相比，中国社会更加注重家庭伦理，而且这种伦理是互以对方为重的。西方社会则一方面更突出个人的作用和地位，另一方面更加强调国家集体的权威。他在《乡村建设理论》《中国文化要义》等著作中对中国传统社会的"职业分立"原则给予高度评价，认为这是人尽其才的优良制度，而西方社会是"阶级对立"的，这种对立会影响人才的正常流动和社会的稳定。家庭与国家的关系一直是中国和西方古典政治哲学的核心问题。柏拉图在《理想国》中认为如果要实现正义原则，就必须取消私有家庭，实行公妻制。他的这个主张遭到了亚里士多德以及后来许多学者们的批评和诟病。在亚里士多德等人看来，家庭的存在有着人性的基础，人总是更爱自己的孩子，正如每个人都更关心属于自己的事物。人的情感也就自然地呈现出一种"差等之爱"。传统的儒家一直强调家庭伦理的重要性，孟子就根据"差等之爱"来抨击墨子的"兼爱"是"无君无父"。梁漱溟对儒家伦理的把握还是非常准确的，虽然他对中国传统社会的一些描述有些美化。至于他说的"职业分立"原则，在西方其实就相当于柏拉图《理想国》的"正义"原则，因为所谓的正义就是在国家中每个人都做一份适合其自然天性的工作。"人尽其才"是中国和西方的哲学家共同认可的政治理念。

---

① 梁漱溟：《梁漱溟全集》第一卷，山东人民出版社，2011，第538页。

梁漱溟先生对理智与直觉、情理与物理的区分讨论也是很有意义的。在《东西文化及其哲学》中他认为儒家强调直觉，比如孟子讲的"良知"就是一种道德直觉，而西方科学和哲学强调逻辑分析，注重理智。不仅他有这种看法，牟宗三等人也有类似的看法。其实这种看法并不准确，它缺乏对西方哲学更深入的了解。一般说来，经验论或者像康德这种调和论者不承认人的理智直觉能力，但是西方的唯理论者一般都是承认的。比如根据柏拉图经典的四线段理论，想象和信念属于"意见"，"推理"（dianoia）和"理智直觉"（noesis, intellectual intuition）则属于"知识"。理智直觉是人类最高的理性能力，它不借助于可感事物的形象，直接把握理念，而且它"从理念到理念，最后又归结到理念"，一直可以认识最高的"善的理念"。这种哲学思辨活动又被柏拉图称为"辩证法"。亚里士多德也认为"努斯"作为"能动理智"是一种最高的理智直觉能力，通过它人们可以同时地整全地把握所有的理念。近代的笛卡尔、斯宾诺莎、莱布尼茨、黑格尔、谢林等唯理论者也都承认人的理智直觉能力。比如斯宾诺莎认为人有三种知识，第一种是可感的知识，第二种是推理的知识，第三种就是理智直觉的知识。第三种理智直觉的知识才是最高的。因此，我们不能说西方哲学不承认直觉的能力，也不能以此为标准来区分中西哲学的差异。当然，我们也没有必要过多地苛责前辈学者，毕竟对西方哲学的深入了解需要一个历史的过程。事实上梁漱溟先生作为第一流的思想家，虽然不是专治西方哲学的，但对西方哲学很多问题的把握都是惊人准确的。比如，他对情理与性理的区分就是极具天分的，这个区分他也称为理性与理智的区别。而这个区别对应的西方哲学概念应该分别是实践理性与理论理性。张汝伦高度评价梁漱溟的这个划分，他说："梁漱溟做出上述区分确属不易，他很可能是第一个未受西方哲学教育，自己悟出这两种理性的重要区别的中国人。"[①] 当然梁漱溟先生虽

---

① 张汝伦：《现代中国思想研究》，上海人民出版社，2001，第446页。

然做出了情理与性理的区分,但是他与西方哲学家们对两者的看法还是存在重要区别的。梁漱溟显然更重视情理的重要性,认为它是人之所以异于禽兽者。但是像柏拉图、亚里士多德这样的西方哲学家们则认为理论理性高于实践理性。

梁漱溟先生会通中西文化和哲学的努力是令人钦佩的,他提出应基于中国传统文化本位立场吸收西方民主科学精神,而坚决摈弃"向后看"的印度哲学,这是极富有洞见的。梁漱溟先生虽然坚持中国传统文化本位,但是他并不是保守主义者。他对传统文化缺乏科学精神的深刻批判和反省是极其真诚的。他认为,如果不能对传统学术做出深刻的反省与批判,就根本不可能吸收西方文化和哲学的长处。

二 冯友兰的"中国哲学史"与"新理学"

冯友兰先生会通中西哲学的工作主要有两个方面,一是他按照西方哲学的理念和框架重新梳理了中国传统学术,撰写出了"中国哲学史",开创了"中国哲学史"学科。在他之前虽然胡适也按照西方哲学的观念撰写了《中国哲学史大纲》,但是无论是内容还是影响,胡适都远远无法和冯友兰相提并论。冯友兰先生通过其杰出的工作向西方和整个世界表明,中国传统学术中不但有哲学,而且中国哲学有着悠久的历史。冯友兰先生撰写出的"中国哲学史"大大增强了中国人的理论自信和文化自信。冯友兰先生的"中国哲学史"在理论上有两个重要的特点。第一,他改变了传统的"经史子集"的学术格局。按照汉代以降的学术格局,经学毫无疑问地居于主导地位,经学被认为包含了圣人的教诲和真理,而子学只是学者一家之言,子学的地位是低于经学的。但是冯友兰先生撰写的"中国哲学史"则大大抬高了子学的地位,子学的内容成为"中国哲学史"的主干。传统的经学地位被大大降低,甚至由于缺乏形而上学的内容,经学在"中国哲学史"中的地位反而不如子学高。冯友兰先生的"中国哲学史"在这方面是革命性和颠覆性的。第二,他确立了儒家在中国哲学学术框架内的主体地位。中国传统学术思想是以儒释道三家为主体的,冯友兰先生是中国近现代新儒家的重要代表人物,他站在儒家的立场上为儒家哲学的主体地位辩护。他在"中国哲学史"中对魏晋玄学和宋明理学的论述试图表明,儒家能够在哲学上包容和超越道家与佛家,因此儒家才是中国哲学的主体。

冯友兰先生在会通中西哲学方面第二个工作是他的"新理学"体系的建构。冯友兰先生"新理学"的"新"是区别于传统宋明"旧理学"而言的。他称自己的"新理学"体系是"接着讲",而不是"照着讲"。他的"新理学"体系一方面运用了传统中国哲学的术语,另一方面也吸收了西方哲学,尤其是柏拉图主义、新实在论和逻辑实证主义的很多内容。但是,总的来看,他的"新理学"更多的是他自己新的哲学创造,无论是与西方的唯理论哲学还是与中国传统的"旧理学"相比,都存在重大的区别。基于他自身的哲学立场,冯友兰批判了柏拉图主义、新实在论和逻辑实证主义,也批评了传统"旧理学"的"缺陷"。

冯友兰"新理学"体系的根基是"真际"与"实际"的区分。所谓"真际"是"凡可称为有者",它包含一切的"理","理"被称为一个事物的"所以"。而"实际"则是由"实际的事物"构成的整体。他认为有"实际"必有"真际",但是"真际"未必都是"实际",因为除了具体事物所依据的"理"以外,还有"纯真际"。因此,他认为从外延和范围来看,"真际"包含了"实际"。他认为,哲学只是对"真际"做一种形式上的肯定,而不是对"实际"做任何积极的肯定。

根据这套"新理学",他批判了以柏拉图和亚里士多德为代表的唯理论哲学,"他们多以为纯思或理智亦能予人积极底知识,但我们则以为纯思或理智只能予人形式的知识。形上学虽亦说到事实,但对于事实，只能作一种形式底说法，不能作一种积极底肯定"。① 对于传统的宋明理学，他也做了大致相同的批判。他批判了朱熹等把"理"看成一"物事光辉辉地在那里"的错误观点。对于宋明儒学，"理"并不仅是一个逻辑学上的观念，同样是一个存在论概念。但是对于冯友兰先生而言，"理"仅仅是一种抽象的形式。

冯友兰先生虽然也被看作中国的"新实在论者"，但是他的"新理学"体系与新实在论很多基本观点都是冲突的。冯友兰相当欣赏新实在论对逻辑分析方法的运用，但是并不满意新实在论者的传统形而上学立场，认为哲学不应该是某种积极地肯定事实的知识。他也不满意逻辑分析方法的范围，在他看来"负的方法"要比"正的方法"更高明。这种"负的方法"就是一种可以体悟到"天地境界"的直觉。新实在论是明确反对任何超越逻辑分析之上的神秘直觉的。陈来等学者认为冯友兰思想中存在一种神秘主义倾向。②

对于逻辑实证主义，冯友兰在对他们的逻辑分析方法表示赞赏的同时，也毫不掩饰地表达了对他们否定形而上学倾向的蔑视。在冯友兰看来，逻辑实证主义者们根本不了解真正的哲学或形而上学，他们的那些批判只是对传统的"坏底形而上学"才有效。他自己的"新理学"作为一种对"真际"纯形式的肯定，都是分析命题，因此可以避免逻辑实证主义的那些攻击。冯友兰对维也纳学派的公开蔑视遭到了当时洪谦以及后来的学者韩林合的猛烈抨击。在他们看来，冯友兰的"新理学"并不都是像他自我标榜的那样是纯形式的分析命题，因而并不能避免维也纳学派对形而上学的那些批判。维也纳学派对传统形而上学的看法当然存有很大的偏见，对于分析命题与综合命题的区分也过于简单和机械。按照柏拉图对辩证法的规定，它是从理念到理念的

---

① 冯友兰：《中国哲学史补二集》下，《三松堂全集》第3版第7卷，中华书局，2016，第485页。
② 参见陈来《现代中国哲学的追寻：新理学与新心学》，生活·读书·新知三联书店，2010，第340~362页。

上升，它可以从一种假设的前提上升到不再是假设的最高本原。当然它也可以再从这个最高的本原下降。这个过程不是简单的分析命题或综合命题能够表述和概括的。辩证法从其能获得更高的知识而言，它是综合的，但是它作为一种理智的思辨又不是经验性的。辩证法当然有它的严格性，这种严格性甚至是高于数学的。因为数学无法批判性地审视自身的前提，它只能从假设下降到结论，而且几何学还必须使用可感的形式作为手段。① 冯友兰既接受了维也纳学派关于分析命题与综合命题的区分，也认同了维也纳学派对传统形而上学的批判，这表明他对西方的形而上学缺乏足够深入的了解。他同维也纳学派的争论并没有真正切中西方形而上学的本质问题。当冯友兰把自己的"新理学"看成纯形式的分析命题时，他不可避免地会受到质疑和指责：这些"重复叙述命题"难道不就是些毫无意义的"空话"吗？②

而冯友兰"新理学"体系真正的问题恰恰在于他的理论基础，也就是"真际"与"实际"的划分。这里的问题在于，一方面"真际"似乎是理智的对象，而"实际"则是感觉的对象。因此"真际"和"实际"应该属于两个不同的层面，并且"真际"高于"实际"。另一方面，冯友兰又认为它们之间存在着一种蕴含关系，认为"真际"的范围包含了"实际"。当时朱光潜先生曾一针见血地指出了"新理学"体系中的这个问题，认为"真际"和"实际"不是一个层面的东西，"真际"属于"形而上者"，"实际"属于"形而下者"。③ 孙雄曾先生也对冯友兰的这个划分提出了同样的批评和质疑。如果要承认"真际"包含"实际"，它不可避免地会导致很多重要的逻辑和哲学困难。④ 应该说，冯友兰"新理学"体系中对"真际"与"实际"关系界定的混乱是其理论体系中包括"理"与"气"关系、"理"与"性"关系等在

---

① Plato, *The Republic*, Translated with Notes and an Interpretive Essay by Allan Bloom, New York: Basic Book Inc., 1968. 509d – 511e.
② 张汝伦：《现代中国思想研究》，人民出版社，2001，第402页。
③ 冯友兰：《南渡集》，载《三松堂全集》第3版第6卷，中华书局，2016，第305页。
④ 冯友兰：《南渡集》，载《三松堂全集》第3版第6卷，中华书局，2016，第320页。

内的几乎所有重要困难的根源。朱光潜、孙雄曾等的批评是公正而切中要害的。单纯从一种理论建构的融洽性要求来看,冯友兰的"新理学"也很难谈得上成功。比冯友兰更了解西方哲学的贺麟曾说:"他自称他自己所谓"新理学"为'最哲学的哲学',也没有人承认他这种吹嘘。"①

冯友兰自创的"新理学"体系的巨大理论困难和他撰写的"中国哲学史"的巨大成功形成了鲜明的对比。应该说,他接着讲得并不太好。他的主要成就还是在于运用西方哲学的理论框架撰写出的"中国哲学史",以及对"中国哲学"这一现代学科创立的奠基性意义。他的"中国哲学史"才是他会通中西的典范之作。

三　贺麟的"新心学"

贺麟先生不但对西方哲学在中国的传播影响巨大,他的"新心学"也是会通中西、独树一帜的哲学体系。张祥龙曾经评价贺麟先生的两大学术贡献,一是"沟通中西主流思想的方法论,由此而为中国古代思想,特别是儒家,找到一条新路";二是"对西方哲学特别是黑格尔和斯宾诺莎哲学的精当阐发和翻译,使之生意盎然地传入中国"。② 这种评价是非常准确的。

贺麟先生认为,中国的儒学在现代社会应有新开展。在他看来,儒学应该包含三大部分,一是理学,二是礼教,三是诗教。他说:"有理学以格物穷理,寻求智慧。有礼教以磨练意志,规范行为。有诗教以陶养性灵,美好生活。"③ 儒学的这三大部分应该全面地吸取西方的文化和哲学,只有在中西融合会通的基础上,儒学才可能有新的开展:"儒学是合诗教、礼教、理学三者为一体的学养,也即艺术、宗教、哲

---

① 贺麟:《五十年来的中国哲学》,人民出版社,2012,第35页。
② 贺麟:《文化与人生》,《贺麟全集》,"《贺麟全集》出版说明",世纪出版集团、上海人民出版社,2012,第2页。
③ 贺麟:《文化与人生》,《贺麟全集》,世纪出版集团、上海人民出版社,2012,第15页。

学三者的谐和体。因此，新儒家思想的开展，大约将循艺术化、宗教化、哲学化的途径迈进。"①

贺麟先生认为，儒学从本质上来看是一种理性主义的文化。而西方文化的突出特征和贡献就是科学精神的昌明。因此，中国的儒学完全可以和西方的文化与哲学进行融会贯通。

首先，他认为传统的理学需要和西方哲学相会通。他说："必须以西洋的哲学发挥儒家的理学。儒家的理学为中国的正宗哲学，亦应以西洋的正宗哲学发挥中国的正宗哲学。因东圣西圣，心同理同。苏格拉底、柏拉图、亚里士多德、康德、黑格尔的哲学与中国孔孟、老庄、程朱、陆王的哲学会和融贯，而能产生发扬民族精神的新哲学，解除民族文化的新危机，是即新儒家思想发展所必循的途径。使儒家的哲学内容更为丰富，体系更为严谨，条理更为清楚，不仅可作道德可能的理论基础，且可奠定科学可能的理论基础。"②

他引进的西方唯理论传统，无论是从方法上还是从内容上，都可以极大地丰富和发展传统的理学。贺麟先生在那个时代是对西方哲学了解最为深入的学者之一，他的会通中西哲学的工作也就更为深入。

贺麟先生曾经具体分析过朱熹与黑格尔的太极观。在他看来，黑格尔哲学中的"绝对精神"相当于朱熹哲学中的"太极"，它们都是最高的哲学概念。对于朱子而言，"太极"是"总天地万物之理"，黑格尔的"绝对精神"也是万物的总则。贺麟先生认为黑格尔的哲学和朱子的哲学存在两点重要区别。第一，黑格尔是一个绝对唯心论者，认为心即理，心外无理。而朱子认为理既在心内，也在心外，他既像唯心论，也像实在论。③ 第二，在方法上，黑格尔哲学用的是"辩证

---

① 贺麟：《文化与人生》，《贺麟全集》，世纪出版集团、上海人民出版社，2012，第16页。
② 贺麟：《文化与人生》，《贺麟全集》，世纪出版集团、上海人民出版社，2012，第15页。
③ 贺麟：《朱熹与黑格尔太极说之比较观》，《贺麟选集》，吉林人民出版社，2006，第214页。

法"，而朱子则没有辩证法思想。"在方法论上，黑格尔全系统的中坚是矛盾思辨法（dialectical method）。而朱子仅是用博学、审问、慎思、明辨的批导方法，再兼以'笃行'的道德修养，既不持矛盾的实在观或真理观，亦从来不用矛盾的辩难法以驳倒对方。这是朱、黑之第二大异点"。① 贺麟先生的观察是非常独到的。贺麟还把辩证法思想追溯到了柏拉图。事实上柏拉图的辩证法和黑格尔的辩证法存在重要的区别。柏拉图的辩证法不是关于自我否定或者矛盾的辩证法，它不是所谓"正反合"的过程。黑格尔在逻辑学上也体现出了德国人的悲观主义，因为他甚至认为逻辑也是自我否定和矛盾的。但柏拉图显然是乐观主义者。另外，柏拉图的辩证法也没有黑格尔哲学中的那种明显的历史主义。

贺麟先生还运用斯宾诺莎哲学中"思想"与"广延"的"平行论"来分析中国哲学的"知行合一"。在斯宾诺莎那里，实体是唯一的，而属性是表现实体的，由于所有属性表现的都是唯一的实体的永恒无限的本质，所以所有的属性都是一致的。思想与广延是我们所知的两种属性，它们表现的是同一个实体的同一种秩序，所以它们之间是平行的关系。斯宾诺莎哲学在这点上是与传统的柏拉图、亚里士多德哲学不同的。传统的柏拉图主义和亚里士多德主义认为，灵魂统治身体，灵魂是高于身体的。斯宾诺莎的这种身心平行论也是对笛卡尔哲学的一种回应。笛卡尔哲学由于把思想和广延归于两种不同的实体，而非属性，所以他很难完美地解释身体与心灵之间的协调一致性问题。在斯宾诺莎这里，实体是唯一的，由于身体和心灵只是两种不同属性而非两种不同实体的样式，身心平行论就很好地解释了身体与心灵之间的一致性问题。贺麟先生以此批判性地分析了朱熹和王阳明思想中的知行关系问题。他把斯宾诺莎的平行论称为"自然的知行合一论"，

---

① 贺麟：《朱熹与黑格尔太极说之比较观》，《贺麟选集》，吉林人民出版社，2006，第214页。

把朱子和阳明的看作"价值的知行合一"。其中,朱子的又被称为"理想的知行合一论",阳明的则被称为"率真的知行合一论"。贺麟虽然高度赞扬了朱子和阳明知行合一论中的理性主义成分,并试图为他们的观点提供某种哲学上的辩护,但在这里他仍然包含了对儒家传统知行合一观点的隐秘讽刺和批判。因为按照自然的知行合一观念,知和行不可能不合一。上至圣人,下至虫豸,知行都是永远合一的。①

贺麟先生对西方哲学的把握是非常独到和深刻的。他看到了"理智直觉"在西方哲学中的重要性。从柏拉图和亚里士多德开始,一直到近代斯宾诺莎等唯理论传统都把理智直觉看成最高的理性能力。它并非什么神秘主义。贺麟先生是怀特海的弟子,怀特海对于理智直觉的看法对他影响很大。②贺麟先生以西方哲学为背景,分析了宋儒"心学"和"理学"中的直觉法。在他看来,直觉方法分为向内的直觉和向外的直觉。而陆象山和朱熹分别代表了这两种不同的直觉方法,而且他们殊途同归。陆象山"直指本心",朱熹的方法体认外物,读书穷理。③他们共同构成了宋儒哲学的方法论。贺麟先生的这些研究都是非常独到的和有启发意义的,尤其是对朱熹哲学方法是一种直觉认识方法的讨论。因为一些学者认为朱熹哲学方法分析的成分更多,像冯友兰则认为朱子的方法更接近一种修养论,而非认识论。

在礼教方面,贺麟特别指出,儒家应该接纳基督教的精神。基督教传入中国后,与中国儒家传统不可避免地产生很大的冲突。贺麟是极少数主张容纳基督教精神的新儒家学者。他认为基督教是西方文明的根基之一,中国儒家思想以人伦道德为主,缺少宗教精神,因此应该用基督教精神来补充儒家的礼教。值得注意的是,贺麟先生是斯宾诺莎专家,而斯宾诺莎是一位激进的反基督教和反犹太教哲学家。贺麟先生对斯宾诺莎的《神学政治论》抱有一种深深的沉默。贺麟对基

---

① 贺麟:《近代唯心论简释》,《贺麟全集》,上海人民出版社,2017,第49页。
② 贺麟:《近代唯心论简释》,《贺麟全集》,上海人民出版社,2017,第77页。
③ 贺麟:《近代唯心论简释》,《贺麟全集》,上海人民出版社,2017,第78页。

督教抱有比他同时代，也包括今天其他儒家学者更多的同情心。这种对基督教的同情心很可能不是出于哲学的理由。在诗教方面，贺麟则承认儒家在艺术方面较为欠缺，而西方的艺术非常发达。儒家艺术在未来的发展需要更多地汲取西方艺术的优点和长处。

总的看来，贺麟先生的视野是非常宽广而深刻的，他融汇中西思想于一体，在哲学上取得了非常杰出的成就。他的工作堪称中西哲学会通的典范。

四 牟宗三"生命的学问"

牟宗三先生是中国近代重要的哲学家，他既精通中国儒释道三家思想，也了解西方哲学的整体发展和脉络。牟宗三先生的哲学视野是全球化的、世界性的，他致力于中西哲学的会通工作。在牟宗三先生看来，儒家虽然是中国哲学的主流，但是儒释道三家思想融合互补，共同发展。在西方，康德哲学不但起到了承前启后的作用，而且代表了西方哲学发展的最高成就。牟宗三先生致力于中国哲学和康德哲学的会通比较工作，他一方面希望能够客观地认识到中西哲学各自的优缺点；另一方面也旨在探索未来世界哲学融会发展的新方向，凸显儒家"生命的学问"在未来的重要意义。

在牟宗三先生看来，中国哲学和西方哲学所关注的重点是不同的，中国哲学所关心的是"生命"，而西方哲学所关心的是"自然"。他说："我们可说两个哲学传统的领导观念，一个是生命，另一个是自然。中国文化之开端，哲学观念之呈现，着眼点在生命，故中国文化所关心的是'生命'，而西方文化的重点，其所关心的是'自然'或'外在对象'（nature or external object），这是领导线索。"[1]

虽然中国哲学的重点在生命，西方哲学的重点在自然，但是这并

---

[1] 牟宗三：《中西哲学之会通十四讲》，吉林出版集团有限责任公司，2010，第13页。

不意味着中国人就不了解自然，或者西方人不知道生命。在牟宗三先生看来，中国和西方在历史开端时重点有些小差异，就造成后来整个传统发展的不同。①

中国哲学更关注生命，西方哲学更关注外在的自然，这就使得中国哲学更容易体认"内涵真理"，而西方哲学则发展出一套完整的"外延真理"。

在牟宗三先生看来，中国儒释道三家都是"生命的学问"，分别表现为对性理、玄理和空理的体认。西方哲学则缺少这种内在的"生命的学问"。但是中国哲学的缺点在于逻辑、数学与自然科学不足，而这些恰恰是西方文化的精彩所在。②因此，中西哲学存在一种互补的可能性。既然中西哲学互有优缺点，可以互补，那么是不是意味着中国哲学和西方哲学就处于一个水平上呢？与黑格尔正好相反，牟宗三认为中国哲学毕竟是高于西方哲学的。因为中国哲学能够体认"本体"或者"物自身"，而西方哲学只停留在"现象"的领域。中国儒释道三家都承认人有"智的直觉"，而西方哲学仅仅承认人只有"知性"的能力。

"可感世界"与"可知世界"是西方哲学自古希腊以来的基本区分，这种划分以及可感和可知领域进一步的细分，我们都可以在柏拉图哲学和亚里士多德哲学那里找到。牟宗三先生并不把柏拉图和亚里士多德哲学看作西方哲学的高峰，在他看来只有康德哲学才能代表西方哲学真正的巅峰。康德划分了"现象"与"物自体"，认为我们的感性和知性只能认识"现象"，我们人类因为没有"智的直觉"能力，无法把握"物自体"。

牟宗三先生认为，西方哲学中现象与物自体的区分在中国哲学中也是一个基本的区分。他利用大乘佛教"一心开二门"的思想来会通

---

① 牟宗三：《中西哲学之会通十四讲》，吉林出版集团有限责任公司，2010，第13页。
② 牟宗三：《中西哲学之会通十四讲》，吉林出版集团有限责任公司，2010，第22~23页。

中西哲学。

中西哲学虽然都有这二门，但是二门孰轻孰重、是否充分开出来，则有很大不同。在牟宗三先生看来，"对于 phenomena 方面，中国传统的态度是消极的，而对于 noumena 方面是积极的。而西方在 noumena 方面了解得不通透，意识不十分清楚，故为消极的，但在 phenomena 之知识（经验科学）方面则为积极的"。①

儒家认为"德性之知"高于"见闻之知"，佛家讲"转识成智"，道家则讲"为学日益，为道日损"。中国儒释道三家都认为人有"智的直观"，而能把握本体，从这点来看，中国哲学虽然没有发展出科学，但是高于西方哲学和各门科学。西方虽然有系统的哲学、科学传统，但是对本体并无体悟，这是其根本性的缺陷。

以上是牟宗三先生会通中西哲学的一个基本洞见，而他的这种看法其实是非常值得商榷的。因为从柏拉图、亚里士多德以降，一直到近代斯宾诺莎等唯理论者还是承认人的理智直觉能力的。在这方面，牟宗三先生明显对西方哲学的把握不够。牟宗三先生对西方哲学把握的不足，在很大程度上是因为他太受康德哲学视野的限制了。康德哲学其实是某种调和论，他一方面接受了唯理论的立场，认为人有先天的知性能力；另一方面他又接受了经验论的前提，那就是人的认识对象是在严格意义上被给予的，人的认识范围只在人类可能的经验范围以内。这样人就只有感性直观能力，理智直觉意味着理性能够同时给出它的对象，这就是一种上帝才有的创造能力。康德否认人具有理智直觉能力是因为他接受了经验论的前提。站在唯理论的立场上，人的认识对象，无论是感性的还是理性的其实都不是严格意义上被给予的。这样，理智直觉也就不是神的创造。我们无意于评判康德这种调和论哲学的地位，只是希望指出西方的唯理论对这些问题的真正看法。

牟宗三还站在中国大乘佛学的立场上批判性地审视西方哲学。在

---

① 牟宗三：《中西哲学之会通十四讲》，吉林出版集团有限责任公司，2010，第83页。

他看来，大乘佛学无论是空宗还是唯识宗，都不承认西方哲学所谓的"实体"和"本原"，因为"因缘所生法，我说即是空"。牟宗三先生的这个看法是极富见地的。西方哲学从古希腊开始就追寻世界的"本原"，而"实体"是"存在"的核心含义。形而上学就是研究"存在之存在"，也就是存在的核心含义的学问。按照大乘佛学的观点，所谓"实体"和"灵魂"、"自我"等不过是"法执"和"我执"的后果。而"我执"和"法执"都是"妄执"。这样，站在大乘佛学的立场上，西方哲学其实把握的并非真理，而是虚妄。从这个角度看，东方哲学确实是高于西方哲学的。牟宗三先生站在大乘佛学角度来批判康德哲学也不过是一种"俗谛"。[①] 比较有意思的是，他虽然认为西方的科学和哲学是些"俗谛"，但是他仍然希望能够在未来的哲学中给它们一席之地，认为西方科学的"俗谛"也具有一定的"谛性"。

我们认为，牟宗三先生会通中西哲学的成就不在于他用康德哲学"物自体"与"现象"的区分来理解中国儒释道三家"本体"与"现象"的关系，而在于他站在大乘佛学的立场上对西方哲学的根本性解构。他为我们指出了未来中西哲学会通发展的某种方向，那就是站在大乘佛学立场上去批判性地审视西方的形而上学和知识论。

梁漱溟、冯友兰、贺麟和牟宗三他们会通中西哲学的工作都是非常具有代表性的。梁漱溟对中西文化背后"人生意欲"方向的分析，对中西家庭和社会差异的研究，时至今日也是具有重要启发意义的。冯友兰先生撰写出的"中国哲学史"则有力地回应了中国是否存在哲学这个问题，它本身就是中西哲学会通的典范之作。贺麟在深入把握斯宾诺莎和黑格尔等近代西方唯理论传统的同时，创造性地分析了中国传统理学中的"知行合一"问题以及在宋儒那里作为一种认识方法的"直觉法"。他的成就是无与伦比的。牟宗三虽然囿于康德哲学的视

---

① 牟宗三：《现象与物自体》，《牟宗三文集》，吉林出版集团有限责任公司，2010，第382页。

野，对很多问题的理解有所偏差，但是他基于大乘佛学对西方哲学的批判则是非常天才性的。这些前辈学者在会通中西哲学方面虽然存在不同的问题，但是他们的工作都堪称典范。他们的工作对于未来世界哲学的发展，对于中西哲学未来的交融会通都具有重要的指引性意义。

| 中华精气神 |

"性命之辨"与"性伪之辨"

——再论孟、荀人性论之争非"人性善恶"之争

路德斌*

摘 要:孟、荀人性论之争并非"人性善恶"之争,而是一场由"人之所以为人者"之命名而引发的名实、概念之争。在命名过程中,孟子通过"性命之辨"而对传统的"性"概念进行了一次"旧瓶装新酒"式的改造,传统"性"概念所涵括的内容如耳目口腹之欲等,被其完全剥离而统归于"命"这一概念之下,而"性"则被其专用于指称"人之所以为人而异于禽兽者";但荀子的做法不同,一方面,他严格谨守"约定俗成"的原则,非常自觉地在传统的意义上使用"性"这一概念;另一方面,对于"人之所以为人者",因为传统中并无相应的"旧名"、"实名"或"善名"可用,故"有作于新名",而命之曰"伪"。于是乎,一"命"一"性",一"性"一"伪",同名异实,同实异名,孟、荀之争由是起焉。

关键词:孟荀之争 人性善恶 性命之辨 性伪之辨

---

* 路德斌,哲学博士,山东社会科学院国际儒学研究院研究员,山东大学尼山学堂导师,主要研究方向为儒学与荀子哲学。

关于孟、荀人性论之争的性质，传统两千年来的认知几乎是一贯而没有异议的，即认为在二者之间所展开的是一场"人性善恶"之争。孟子道"性善"是在讲"人性本善"，荀子言"性恶"是在说"人性本恶"，二子所建构的完全是两种不同且正相对立的人性论形态。也正因为如此，自唐宋以来，随着"道统说"的滥觞、兴盛和孟学正统地位的确立，主张"性恶"的荀子及荀学便被理学家们判定为"大本已失"而走上了一条备遭诟病、日渐衰微的不归路。以至于到了明朝嘉靖九年（公元1530年），从祀孔子近四百五十年之久的荀子，在皇帝的一纸诏令下，被扫地出门，永远地赶出了孔庙。这种情形直到今天都没有实质性的改变，在最有话语权的现代新儒家牟宗三先生眼里，关于荀学的观感还是和宋代理学家们一样，仍然是"高明不足"，仍然是"大本不立"。

所以，对荀子和荀学来说，孟、荀之争的性质到底是什么，并不是一个只与过往的遭遇紧密相关的问题，而是一个关乎其未来前途和命运的大问题。在这个问题上，笔者的研究结论与传统的认知大相径庭，要言之，孟、荀人性论之争并非"人性善恶"之争，而是一场由"人之所以为人者"的命名所引发的名实、概念之争。

一　孟荀之争非"人性善恶"之争

为什么说孟、荀人性论之争并非"人性善恶"之争呢？

正如同我们不能在没有眼见为实的情况下，仅仅凭着在人群中听到了一个熟悉的名字就立马断定他/她就是自己所认识的那个人一样，判定孟、荀人性论之争的性质也是如此，我们不能仅仅依据"性善""性恶"之名便想当然地认为发生在孟、荀之间的就是一场"人性善恶"之争。真正的判断和结论必须建立在事实基础之上，具体到孟子和荀子，那就是要看在"人的发现"问题上，二人究竟觉解到了什么或究竟说了些什么。那么，事实到底如何呢？表一可以让我们一目了然。

表一　孟子与荀子人之属性比较

			孟子		荀子
人之属性	人之所以为人者	善	人之所以异于禽兽者几希，庶民去之，君子存之。① 无恻隐之心，非人也；无羞恶之心，非人也；无辞让之心，非人也；无是非之心，非人也。……人之有是四端也，犹其有四体也。② 从其大体为大人。……先立乎其大者，则其小者弗能夺也。③	善	人之所以为人者，何已也？曰：……人之所以为人者，非特以其二足而无毛也，以其有辨也。④ 水火有气而无生，草木有生而无知，禽兽有知而无义，人有气、有生、有知，亦且有义，故最为天下贵也。⑤ 为之，人也；舍之，禽兽也。⑥
	人之动物性	恶	口之于味也，目之于色也，耳之于声也，鼻之于臭也，四肢之于安佚也，性也，有命焉，君子不谓"性"也。⑦ 从其小体为小人。……耳目之官不思，而蔽于物。物交物，则引之而已矣。⑧ 养心莫善于寡欲。⑨	恶	今人之性，生而有好利焉，顺是，故争夺生而辞让亡焉；生而有疾恶焉，顺是，故残贼生而忠信亡焉；生而有耳目之欲、有好声色焉，顺是，故淫乱生而礼义文理亡焉。然则从人之性，顺人之情，必出于争夺、合于犯分乱理而归于暴。……用此观之，然则人之性恶明矣。⑩

无需置辩，如表一所示，我们可以非常直观而清晰地看到两个基本的事实。

第一，孟子和荀子都是两重人性论。在关于"人"或"人性"的觉解中，二人都认为"人"并非只由一重而是由两重属性构成的：一

---

① 《孟子·离娄下》。
② 《孟子·公孙丑上》。
③ 《孟子·告子上》。
④ 《荀子·非相》。
⑤ 《荀子·王制》。
⑥ 《荀子·劝学》。
⑦ 《孟子·尽心下》。
⑧ 《孟子·告子上》。
⑨ 《孟子·尽心下》。
⑩ 《荀子·性恶》。

重是人的动物性，即人的自然生理之质及其欲望如耳目口腹之欲等，它是人和禽兽共有、共通的属性；另一重则是人之所以为人者，孟子看到的是"四心/四端"，荀子发现的则是"辨"和"义"。与前一重属性不同，此一重属性恰是禽兽之所无而为人类所独有，是作为"人的本质"而将人和禽兽区别开来的属性。

第二，所谓"人性善恶"之争，在孟、荀之间其实是不存在的。大家可以看到，在"人之动物性"层面，二人都认为人的自然生理之质及其欲望乃现实中"恶"产生并滋长的内在根源，故荀子谓之曰"性恶"，孟子则称之为"小体"，并曰："养心莫善于寡欲"。而在"人之所以为人者"层面，二人同样都认为"善"是有先天基础和内在根据的，虽然在具体内容上，二者的认知确实存在深刻的差异，在孟子曰"四心/四端"，在荀子曰"辨""义"，但在其作为"人的本质"属性为"善"的根据这一点上，孟、荀之间并不存在分歧和对立。这方面，孟子的表述在文本中可以说是俯拾皆是，而荀子的理念在荀书中同样有十分清楚的呈现。比如在《性恶》篇中，荀子就说："塗之人也，皆有可以知仁义法正之质，皆有可以能仁义法正之具，然则其可以为禹明矣。……将使塗之人固无可以知仁义法正之质，而固无可以能仁义法正之具邪？然则塗之人也，且内不可以知父子之义，外不可以知君臣之正。……今塗之人者，皆内可以知父子之义，外可以知君臣之正，然则其可以知之质、可以能之具，其在塗之人明矣。"所谓"可以知之质"，即"辨"也；所谓"可以能之具"，即"义"也。荀子所要表达的意思很清楚，他就是想告诉世人，人之所以为人而异于禽兽者，"辨"和"义"是一种人人先天固有的机能和属性，它不仅是社会生活中伦理之善可能的内在根据，同时也是"塗之人可以为禹"之不可或缺的先天基础。有之，不必然；但无之，必不然。

由此可见，像传统那样从"善恶"的立场和角度去解读孟、荀人性论之争，显然是一个错误。因为当我们摆脱概念（名）的蔽囿，真正面对事实本身的时候会发现，真相远不是传统所告诉我们的那个样子。在孟、荀之间,"人性善恶"之争是不存在的。人的耳目口腹之欲并不只是在荀子这里被视为"恶"的源头,在孟子的观念中其实也是如此;同样,作为"善"的根据——人之所以为人而异于禽兽者,也并不只是在孟学那里才有所发现和发明,荀子及荀学在这个问题上其实有着同样深刻的觉解,只是在具体内容上,二人的认知有所不同而已。

二 孟荀之争是一场名实、概念之争

论述至此,那么接下来我们需要面对的便是一个大家一定会问而且在理论上也无法回避的问题,那就是既然孟、荀之间并不存在"人性善恶"之争,既然从"善恶"的角度去解读孟、荀之争是一个错误,那么荀书《性恶》篇中对孟子"性善论"所展开的批评又是所为何事呢?究竟从怎样一个角度去观察和解读孟、荀之争才能更加接近事实和真相呢?

在这个问题上,笔者的研究结论可能会让人感到十分诧异和难以置信,在笔者看来却也是十分确定无疑的。要言之,孟、荀人性论之争不是"人性善恶"之争,而是名实、概念之争。具体说,是"性"概念如何使用、"人之所以为人者"如何命名之争。

如大家所知,诸子蜂起的春秋战国时代乃是中国文化的"轴心时代",因而从另一个侧面来说,也必然是一个概念史上的"制名迎新"时代。随着经济、社会尤其是文化的裂变式发展,旧有的名称或概念已经远远不能满足如雨后春笋般涌现出来的新事物和新思想。于是乎,便出现了《荀子》文本中所描述的情形——"名守慢,奇辞起,名实乱,是非之形不明,则虽守法之吏、诵数之儒,亦皆乱也。"[①] 所以,对于当时的诸子来说,他们经常面临着一项重要的且不能不做的工作,

---

① 《荀子·正名》。

那就是"正名"——"有循于旧名，有作于新名"。① 而对于儒家的孟子和荀子来说，儒学发展到他们这里，恰恰就有这么一项迫切需要解决和完成的任务摆在面前，那就是为儒家自孔子以来之关于"人"的新发现——"人之所以为人者"进行命名的工作。孟、荀间的人性论之争，事实上就是由此引发并展开的。

对于孟子来说，这项工作是通过"性命之辨"来进行的。其言曰：

> 口之于味也，目之于色也，耳之于声也，鼻之于臭也，四肢之于安佚也，性也，有命焉，君子不谓"性"也；仁之于父子也，义之于君臣也，礼之于宾主也，智之于贤者也，圣人之于天道也，命也，有性焉，君子不谓"命"也。（《孟子·尽心下》）

对于这一段文字，以往的学者往往只专注于对文本本身的解读，而忽略或者根本没有意识到我们所面对的其实是一个发生在概念史上的重大事件，那就是"性"概念的转变。在这里，我们必须看到或注意到，在为"人之所以为人者"命名的过程中，通过"性命之辨"，孟子对传统的"性"概念进行了一次"旧瓶装新酒"式的改造。传统"性"概念所含括的内容如耳目口腹之欲等，被其完全剥离而统归于"命"一概念之下，而"性"则被其专用于指称儒家之于"人"的新发现——人之所以为人而异于禽兽者。于是乎，"性"这个原本只是用来指称人与禽兽之共通属性因而并不具有"人之所以为人者"之内涵和意义的概念，在孟子的哲学体系中，因新内容之进替和新内涵、新意义之生成而变成了一个全新的概念，即变成了一个与传统含义完全相反的、用以表征人区别于禽兽之本质属性的概念。换言之，孟子哲学中的那个在今天广为人知的"性"概念，在当时其实并不是一个约定俗成、普遍流行的概念，而是一个创见，是一种新说。

---

① 《荀子·正名》。

"性命之辨"与"性伪之辨"

那么在这个问题上,荀子又是如何做的呢?透过文本可见,在荀学这里,命名的工作是通过"性伪之辨"来完成的。其言曰:

> 若夫目好色,耳好声,口好味,心好利,骨体肤理好愉佚,是皆生于人之情性者也,感而自然、不待事而后生之者也。夫感而不能然、必且待事而后然者,谓之生于伪。是"性"、"伪"之所生,其不同之征也。(《荀子·性恶》)

> 凡性者,天之就也,不可学,不可事;礼义者,圣人之所生也,人之所学而能、所事而成者也。不可学、不可事而在人者,谓之性;可学而能、可事而成之在人者,谓之伪。是"性"、"伪"之分也。(《荀子·性恶》)

相对于孟子的"性命之辨",荀子的表述看起来似乎不是特别清晰和规范,所以为方便理解和比较,我们不妨仿照孟子"性命之辨"的句式,将荀子"性伪之辨"的逻辑和理路重作梳理,表述如下。曰:

> 目好色,耳好声,口好味,心好利,骨体肤理好愉佚,是人之所生而有也,性也,感而自然,亦性也,故君子谓之"性"也;人之有义,人之能辨,是亦人之所生而有也,性也,有伪焉(即"感而不能然,必且待事而后然者"),故君子不谓"性"也。

即此,问题的症结和焦点亦可谓不言而喻了。透过"性伪之辨",我们可以清楚地发现,与孟子"性命之辨"的理路和做法不同,在荀学这里,一方面,对于人的自然生理之质及其欲望,荀子严格谨守"约定俗成"的原则,"有循于旧名",继续以"性"一概念名之;另一方面,对于"人之所以为人者",传统中并无相应的"旧名"、"实名"或"善名"可用,故当"有作于新名",荀子于是命之

· 89 ·

曰"伪"①。于是乎,一"命"一"性",一"性"一"伪",同名异实,同实异名,孟、荀之争由是起焉。

不过,如此一来,便会有一个很大的疑惑和问题产生:作为一个晚生、后起的儒者,按照常理,在范畴或概念的使用上自然会遵循前人的定义和用法,但为什么在"人之所以为人者"的命名和"性"概念的使用问题上,荀子非但没有接受和沿用孟子"性命之辨"的做法及理路,反而由此引发了他与孟子之间的激烈纷争呢?认真研读荀书《正名》《性恶》两篇,我们不难找到问题的答案。

透过两篇的论述,我们可以确切地知道,在"性"概念如何使用、"人之所以为人者"如何命名问题上,孟、荀之间的分歧确实是无法调和的。因为在荀子眼里,孟子的"性命之辨"不仅在理论上存在非常严重的过失,而且在实践中也必然会产生令人无法接受的后果。具体言之,在荀子看来,孟子用"旧瓶"来装"新酒"的做法,首先就违反了"约定俗成"的制名原则,既未守"名约"以言"性",亦未作新名以指"实",而是"析辞擅作,以乱正名"②,不仅无益于概念的明晰和思想的传达,相反,会越发导致名实混乱,"使民疑惑,人多辨讼"③。依荀子之见,在"生之谓性"的传统下,"性"之概念在当时已经是一个"约定俗成"、普遍流行的"实名"或"善名",在习俗和生活中早已形成了其表征自身且不言而喻的概念属性或规定性。也就是说,对于生活在当时的人们来说,只要提起"性"这个概念,大家

---

① 关于"伪"字,在此需要稍作疏解和辨正,因为此一用法上的"伪"字在荀学中是一个特别重要的概念,而传统对它的把握却一直存在非常深刻的误读和误解。要言之,荀学中的"伪"并不只是一种后天的工具性行为,而是有先天、后天两层义蕴:从先天的层面说,"伪"首先是一种能力,是一种植根于人"心"并以"辨"、"义"为基础而成就"善"的能力;而从后天的层面说,"伪"则是一个过程,是一个"伪"以成"善"、合外(仁义法正之理)内(辨义之知能)为一道的过程,用荀子自己的话说,即一个"心知道,然后可道;可道,然后能守道以禁非道"的过程(《荀子·解蔽》)。
② 《荀子·正名》。
③ 《荀子·正名》。

立马就会自然而然、不假思索地产生两点联想：第一，它是"生之所以然"①，也即"天之就也"，与生俱来，不待人为而有；第二，它是"感而自然"或"不事而自然"②，也即感物而动，不待思虑而成。毫无疑问，对大众百姓来说，这是一个既成的、现实的语境，所以尽管孟子本人对"性"这一概念进行了重新的界定，但当他把"仁义礼智圣"置换到"性"概念之下并以"性善"来标举自己的理念和主张的时候，关于"性"概念的传统思维定式会在自觉不自觉中将其"性善论"纳入人们久已习惯了的思维理路中，并由此得出一个合乎逻辑、顺理成章的结论：善是生而有之的，亦是感而自然的。而这样一种观念所造成之后果，无论是在理论上还是在实践中，在荀子看来都是灾难性的，因而也是不能被允许和接受的。依荀子的论述，基于"性命之辨"建构起来的孟子"性善论"，在传统思维定式的制约之下，必然会导致或造成两种与儒家精神完全相悖的后果。

其一，从人群社会层面来说，即否定圣王和礼义。荀子这样说："今诚以人之性固正理平治邪？则有恶用圣王、恶用礼义矣哉！虽有圣王礼义，将曷加于正理平治也哉！……故性善，则去圣王、息礼义矣。"③ 如果"仁义礼智圣"果真乃"性"中固有且是感而自然，那么圣王、礼义便也就彻底失去了其存在的合法性和意义。欲求正理而去圣王，欲得平治却息礼义，对一个社会而言，这无异于摧毁了大厦的基础却又期望大厦能巍然屹立、不坠不覆，其可得乎？

其二，从个体修养层面来说，则必形成一种误导——恃性善而慢修身，任自然而废问学。逻辑很简单，如果"仁义礼智圣"已然是"性"中固有，圆满自足，那么一切后天的作为和努力，对人而言便皆成多余而变得毫无疑义，任何人只需任随"性"之自然，即可毫无阻滞地呈现其"性"中固有的美善，睟面盎背，德充四体，并最终达致

---

① 《荀子·正名》。
② 《荀子·正名》。
③ 《荀子·性恶》。

"通于神明,参于天地"的圣人之境。

"性"概念乱用的后果竟是如此之严重!身为名辨大师且以弘扬儒道为己任的荀子当然不可能听之任之,坐视不理,所以他一反孟子"性命之辨"的理路和做法,作"性伪之辨",辨名析理,严别"性""伪"。由此,我们再回头去看荀书的《性恶》篇,便会于刹那间豁然开朗,没有疑惑,不再纠结。荀子对孟子的批评,表面看是在纠缠"善恶",事实上却是在批评孟子于名实、概念上的"析辞擅作"。在荀子看来,孟学人性论最要害的问题或最严重的失误不是出在别处,而是出在概念上,是"不及知人之'性',而不察乎人之'性''伪'之分者也"[①]。而如此不顾正名原则和现实语境的理论建构当然不可能在荀子这里获得认可和接受,所以从荀子的言语中我们可以看到,对于孟子的"性善论",荀子的态度是断然否定的——"无辨合符验,坐而言之,起而不可设,张而不可施行,岂不过甚矣哉!"[②]

三　结语:新视角下的孟、荀人性论

出此反思可见,在孟、荀之争问题上,传统的认知其实犯了一个很严重的认识论上的错误,那就是"蔽于名而不知实"。乍见孟子道"性善",荀子言"性恶",便想当然地认为孟、荀之争就是一个"人性善恶"之争。而结果呢,大家都看到了,两千年来,谬误相袭,积久成习,儒家因此内耗不止,荀学因此衰微不振。但事实上,即如我们前文所梳理、分析和呈现的那样,荀子所言"性"与孟子所言"性",名同实异,完全是两个不同的概念。孟、荀之争并非"人性善恶"之争,而是名实、概念之争,也即"性"概念如何使用、"人之所以为人者"如何命名之争。

---

① 《荀子·性恶》。
② 《荀子·性恶》。

"性命之辨"与"性伪之辨"

真相既已大白,那么如此一来,关于孟、荀人性论,基于传统认知而形成的所有观念及判断亦将因此而发生颠覆性的改变。概要说来,主要体现在以下两个大的方面。

第一,孟、荀人性论尤其是荀子人性论的性质到底是什么?

孟、荀之争既然不是"人性善恶"之争,那也就意味着在"人之所以为人者"之善恶问题上,荀子的观念并不与孟子构成矛盾或对立。既然如此,那我们还能像两千年以来的传统那样继续将荀子的人性论称作"性恶论"吗?

的确,从前文的梳理和比较中我们可以清楚地看到,不只是荀子的人性论不能简单地化约为"性恶论",就是孟子的人性论也同样不能简单地化约为"性善论",因为事实上二人都是地地道道的两重人性论。所以在这个问题上,我们切不可再犯以往"以名定实"的错误,而必须回到事实本身,实事求是,稽实以定性。具体地说,就是需要从两个层面去分别把握和言说:从"人之动物性"层面言"性",孟子和荀子都认为人的自然生理之质及其欲望是现实中"恶"产生的内在根源,如果就此说荀子是"性恶论",那么孟子当然也是"性恶论";从"人之所以为人者"层面言"性",孟子和荀子也都认为在人的先天禀赋中皆生而固有"善"的内在根据,孟子曰"四心",荀子曰"辨""义",如果就此说孟子是"性善论",那么荀子又如何可能是"性恶论"呢?进而言之,如果就此说孟学是"大本得立",那又怎么可以说荀学是"大本已失""大本不立"呢?

第二,孟、荀人性论的不同或分歧到底在哪里?

当然,说孟、荀之间不存在"人性善恶"之争,并不意味着二人的人性论是相同的或没有区别的,相反,透过本文所揭示的名实、概念之争,我们所看到的可能是存在于两大思想家之间的更深刻、更具理论意味的分歧和差异。要言之,从宏观的角度看,建基于"性命之辨"之上的孟学人性论,其运思理路实乃一条哲学上的唯理主义路线,虽然他的初衷也是解决现实人生问题,但他显然认为达成目的的最根本途径就是抓住现象背后的"本质",所以在孟学这里,其所建构的理论主体是一个围绕"先验本质"("四心/四端")而展开的形而上学体系;荀学的理路却不然,荀子走的是一条完全相反的经验主义路线,虽然他也不否认任何事物皆有其先天的、形而上的本质存在,但他认为理论思考的重点不应放在"先天"而应放在"后天",因为"先天"只是一个"自然",不待而有,不事而成,是人所无能为力的,只有"后天"才是人能够施展作为的广阔天地。也就是说,对现实人生而言,真正重要的不是探讨"何以可能",而是确定"如何去做"。故与孟学不同,基于"性伪之辨"而建构起来的荀学人性论很明显的是一个以实践为务的经验论体系。也正是源于这种哲学精神和进路的不同,在具体内容上,孟、荀人性论之间更是呈现了全方位、多层面的差异。比如在"人之所以为人而异于禽兽者"问题上,孟、荀的觉解就有很实质的不同,孟子发现的是"四心",而荀子看到的是"辨""义","四心"类似天赋的观念,而"辨""义"则是一种理性的能力。再比如在修养方法上,二者同样迥异其趣,孟学是一心向内,反求诸己,尽心,知性,知天,然后存之、养之、扩而充之;而荀学不然,是主观见之于客观,是"合外内"为一道,用荀子自己的话说,即所谓"心知道,然后可道;可道,然后能守道以禁非道"[①]。如此等等,不一而足。平心而论,对孟、荀人性论来说,诸如此类的问题其实比两千年来人们一直纠结其上的所谓"人性善恶"之争更值得探讨,更有价值和意义,因为"人性善恶"对孟、荀来说不是问题,是一个伪问题。

[①] 《荀子·解蔽》。

荀子人性论及其思想来源

张　静[*]

摘　要：荀子的人性论丰富而复杂，应被置于历史的传统和现实的语境之中，以探讨其思想来源：一是郭店楚简《性自命出》表明"生之谓性"的人性论传统广泛地存在，荀子"性"的定义继承和全面总结了这一传统，且决定了"性"这一概念可承受的内容，包含了性、情、欲等；二是"性"最基本的内容，即人皆具有好利恶害的本性，是当时稷下学宫共同学术语境下的学术共识，而这无疑是现实性的概括。"性"宽泛的定义与好利恶害的内容之间形成了一种内在的紧张，这又依赖"礼"的统合而消解。礼也是化性起伪的过程。

关键词：荀子　性恶论　礼　性自命出　生之谓性

凡言荀子思想者，无不涉及其性恶论，"《性恶》本篇为荀子哲学之出发点，最当精读"。[①] 性恶论上承荀子"明于天人之分"的天人关系，下启"群分之道"的礼乐之论，也是其社会、政治、修养等思想

---

[*] 张静，哲学博士，北京市社会科学院哲学研究所助理研究员，主要研究方向为先秦及秦汉哲学、道家哲学、中西比较哲学。

[①] 梁启超：《梁启超全集》（十六），北京出版社，1999，第4641页。

的前提。但性恶论争议颇多，或以"性恶"言荀子之人性论有所偏颇，"性恶"的结论和"性"的定义并不相符。一方面是《荀子》的文本问题，各篇目或有所分歧，或以为《性恶》非荀子作。① 友枝龙太郎把《荀子》各篇之间思想微妙的差异看作荀子本人的思想发展过程，《性恶》一篇可能是其晚期的思想，是早期性伪之分思想的延续与发展，其说可据。另一方面，许多学者认为荀子之性恶论与孟子之性善说并不矛盾，甚至认为荀子亦承认性善，孟荀二人实际殊途同归。② 然而，所谓的"质""具"虽有向善之可能性，毕竟不是现实性，"质""具"是中性的，荀子既不以为恶，亦不以此为善（另外，《荀子·荣辱》有"材性知能，君子小人一也"，"越人安越，楚人安楚，君子安雅，是非知能材性然也，是注错习俗之节异也"）。因此，从"质""具""知""能"等概念的内涵中是找不出性善的根据的。③ 简言之，尚无文献和义理上的证据表明荀子之人性论非性恶论。

除了目的论意味之外荀子对性恶的判定，当与其对"性"的定义

---

① 杨筠如认为现本《荀子》是由《韩诗外传》《大戴礼记》等汉代文献拼凑的，其内容并不代表荀子本人的思想。这一思想对日本学界的荀子文献研究影响颇大，后木村英一从文本体裁入手，认为《荀子》每一篇的编辑似乎也经过不同的过程；金谷治则更进一步认为，预设荀子哲学的核心（如梁启超、胡适）是对《荀子》一书缺乏公平的态度，从而猜测《性恶》也许是荀子后学的作品，因为和荀子其他篇有很多冲突之处。以上关于日本荀子研究概况转引自〔日〕佐藤将之《二十世纪日本荀子研究之回顾》，黄俊杰主编《东亚儒学研究的回顾与展望》，台湾大学出版中心，2005，第75~123页。近来中国大陆学界亦有周炽成踵其后，主张荀子并非"性恶论"者，而是"性朴论"者，推测《性恶》可能是在西汉中期的荀子后学或与荀学有关的人所作。详见周炽成《荀韩人性论与社会历史哲学》，中山大学出版社，2009，第2~36页。笔者认为所谓荀子之"性朴论"可为一家之论，仍难以推翻性恶论的主张。
② 自清时如戴震、陈澧等，近代罗根泽、李经元、梁启雄都认定荀子人性论中含有性善的内容。刘又铭认为性恶论是荀子在"意谓"层次就特殊的人性概念所建构起来的，而就深层蕴谓而言，仍可以归于另一种（不同于孟子的）性善观，且认为这才是对荀子人性论更具普遍且积极意义的理解，更以戴震的人性和《大学》来论证其观点的合理性。详见刘又铭《从"蕴谓"论荀子哲学潜在的性善观》，《"孔学与二十一世纪"国际学术研讨会论集》，台湾政治大学文学院编印，2001，第50~77页。
③ 廖名春已在《荀子人性论的再考察》一文中详细辩驳之，《吉林大学社会科学学报》1992年第6期。

和内容的概括有关,二者均非无源之水,而是渊源有自,但这方面的研究明显不足。本文从此出发,不仅研究荀子人性论的内容和特点,还将其置于历史的传统和现实的语境之中,从而考察荀子人性论的思想来源。一是先秦"生之谓性"的人性论传统,这奠定了荀子对"性"的界定,荀子以此反对孟子性善说。郭店楚简《性自命出》《语丛》《唐虞之道》等在这一点无疑提供了很好的方向。二是现实来源,即稷下学的学术语境和学术共识:人均有趋利避害的本能,这影响了荀子对性之内容的概括。一般都将荀子与稷下学宫之间的密切关联当作一种史实,很少深入分析,言及荀子人性论和稷下学的关系更是寥寥可数。下文将分为性伪之分、生之谓性、稷下学的学术共识、结语等展开。

一 性伪之分

荀子对一系列重要的范畴分别进行了界定,如性情、虑伪、知能、事行等。

> 生之所以然者谓之性。性之和所生,精合感应,不事而自然谓之性。性之好、恶、喜、怒、哀、乐谓之情。情然而心为之择谓之虑。心虑而能为之动谓之伪。虑积焉、能习焉而后成谓之伪。正利而为谓之事,正义而为谓之行。所以知之在人者谓之知。知有所合谓之智。智所以能之在人者谓之能,能有所和谓之能。性伤谓之病,节遇谓之命。(《正名》)[1]
>
> 性者,天之就也;情者,性之质也;欲者,情之应也。(《正名》)
>
> 凡性者,天之就也,不可学,不可事。(《性恶》)

---

[1] 王先谦:《荀子集解》,沈啸寰、王星贤点校,中华书局,2010。凡引《荀子》原文者,均出自此书,下只注篇名。

性的基本含义无疑是"不事而自然""不可学,不可事",即告子所谓的"生之谓性"。这不仅表明了性是先天生就的,而且暗示了"性伪之分"和"天人之分"之间紧密的关联性,两者是一体两面,可相互阐发。先秦心性问题无不是在天人关系视域下进行讨论的,"'性'是从天命之本原上来说的,'伪'则不究本原,而在人之'行'、'事'上立言。"①而"性伪之分"共同的语境,即"在人者",性伪之分是就人自身而言的。以"不事而自然"为定义,则性的范围相当广泛,包括诸多的子概念,如情欲、知能、质具等,甚至人整个自然生命本身,"天官"是人作为自然生命的生理构造,"天情"是人心理的反应,"天君"则和"知"相关,是人所有的理性。天官、天情、天君都是自然的,应包含在性之定义之中。性、情是不同的②,"性之爱恶、喜、怒、哀、乐谓之情",即性表现为情,情是性的实质内容,性、情、欲构成了层层外推的结构。但就性最基本的含义"不事而自然"而言,情欲亦在性的范围中,亦可以称之为性,正是在这一前提之下,荀子才从情、欲的不良后果推论出性恶。

> 今人之性,生而有好利焉,顺是,故争夺生而辞让亡焉;生而有疾恶焉,顺是,故残贼生而忠信亡焉;生而有耳目之欲,有好声色焉,顺是,故淫乱生而礼义文理亡焉。然则从人之性,顺人之情,必出于争夺,合于犯分乱理而归于暴。(《性恶》)

好利、疾恶、欲声色是人生而有之的欲望,本身并不是现实性的

---

① 丁四新:《天人·性伪·心知——荀子哲学思想的核心线索》,《中国哲学史》1997年第3期。
② 因此合言的"性情"与分言的"性""情"之间有微妙的差异,性、情二者的意义都发生了变化,有同质化的倾向,"性情"偏重于"情"。性情、心性在合言时,应不考虑性、情、心分言时的精确定义,合言与分言的语境截然不同。合言时之"性情""心性"均为偏义复词,分别偏向于"情"和"心",因为此时之"性"的定义更为广泛。

恶，但"顺是"则会导致暴乱的结果。因为"顺"仅是一种自然的过程，譬如庄子推崇率（顺）性而为，性之本身为素朴，孟子讲四端也是顺之才能发出仁义礼智之善，荀子的性恶推断亦是如此。"荀子性恶论更全面的观点是从出发点的预设到效果的显现，是运用发展的观点来规定、证明的。"[1] 重点应为"是"，即欲望，从性可变、可发展而言，从出发点的预设到效果的显示是一个发展变化的过程，由欲致恶，因此从结果的恶判定出发点的欲亦为恶，逻辑上是成立的，因为这过程是"顺"，而未有任何矫饰。严格来说，荀子主性恶论并不是周延的判断，因为在荀子的逻辑体系里，性并不等于欲，其外延更大。

荀子之所以不直接说欲恶或情恶，一是与性的宽泛定义有关，二是与当时整体语境有关，多言性善、有性善性不善或者性有善有恶等，荀子称性恶符合其"共其约名以相期"的正名主张。但正如徐复观所言，"对于他自己而言，不是很周延的判断。不仅如此，目明而耳聪等，固然是性；心的知，心的虑，当然也是性……他性论中性无定向的想法，正指人性中官能的能力这一方面而言，正要留此以开出化性而起伪之路"。[2]

另外，荀子亦定义了"伪"。

> 心虑而能为之动谓之伪。虑积焉、能习焉而后成谓之伪。（《正名》）

> 人之性恶，其善者伪也。……不可学、不可事而在人者谓之性，可学而能、可事而成之在人者谓之伪。是性、伪之分也。（《性恶》）

---

[1] 丁四新：《天人·性伪·心知——荀子哲学思想的核心线索》，《中国哲学史》1997年第3期，第35页。
[2] 徐复观：《中国人性论史》（先秦篇），华东师范大学出版社，2005，第156页。

杨倞注："伪，为也，矫也，矫其本性也。"先秦文献中多以情、伪对文，① 而性伪之分则鲜少见，这一思想当是出自庄子的区分。② 依据荀子的界定，伪具有动词和名词双重意义，一是人心动的过程，二是人为的结果。如果说"虑"是心的选择过程，伪则更进一层，即心"为之动"，有着更深的长虑和考量，并能付诸相应的行为。而第二个伪则是积思虑习俗而成的社会制度，如儒家一贯推崇的礼乐制度。心主要被赋予思虑的功能，也许会产生一个矛盾：心亦是生而有的，如果说心自有所可，有所不可，心能制情节欲，那么，荀子的性恶论是无法推衍下去的。于荀子而言，心之思虑以及所关联的故与习，并不被纳入性的范围，而是属于"道"。"况夫先王之道，仁义之统，《诗》《书》《礼》《乐》之分乎。彼固天下之大虑也，将为天下生民之属长虑顾后而保万世也。"（《荣辱》）依照人的本能欲望而言，人会纵情享乐而无所节制，但出于长远的考虑，人又节用御欲。"长虑顾后"属于思虑之后的过程，即伪，而先王之道正是"天下之大虑"。也就是说"心好利"是生于人之情性，但之后的思虑则不被纳入情性的范围，是"感而不能然，必且待事而后然"。那么，在深思熟虑之后仍然选择了利，是否是一种伪？在荀子看来，好利恶害是人自然的倾向，并不是理性介入的选择，而是一种无意识的本能，无法称之为"伪"。

"人之性恶明矣，其善者伪也"，即善非天生的而是人为的，那么，是否"伪"即是善？依逻辑而言，并不能推出伪是善的，但在《荀子》中，与性相应的"伪"均具有善的性质。③《性恶》一篇中，荀子

---

① 如《左传·僖公二十八年》："险阻艰难，备尝之矣，民之情伪，尽知之矣"，《大戴礼记·文王官人》"生民有阴阳，人多隐其情，饰其伪，以赖于物，以攻其名也。"此情均有实之义。

② 详见强中华《反者道之动：荀子"化性起伪"对庄子"性"与"伪"的因革》，《中国哲学史》2009年第2期。

③ 荀子亦在虚伪、诈伪的意义上使用"伪"，如《不苟》"公生明，偏生暗，端悫生通，诈伪生塞，诚信生神，夸诞生惑。"《乐论》"穷本极变，乐之情也；著诚去伪，礼之经也。"

意在批判孟子的性善说，阐述了性何以致恶的逻辑，其批判隐含了一个大前提，即礼义是善的。君子、小人之别在于对待性的不同，前者化性起伪而生礼义，后者从性顺情而贪利争夺，若人性是善的，则君子与小人无别。荀子一切的论证都在礼乐制度存在且合理的前提下，人性是善或恶的判定仅是其思想体系的一部分。伪之善建立在性不自美的前提下，则不是孟子式的顺性而成礼或庄子式的去伪而全性，化性起伪是破而后立的。"这种'化'不仅不是庄子追求的'任其性命之情'的自得之乐，恰恰相反，是对自然本性的一种'矫饰'和'摄化'。而且他还指出：'长迁而不返其初，则化矣'。就是说，自然本性的彻底变化必需经历长期的痛苦磨练。这正是庄子认为'削其性'、'侵其德'、'失其常然'的最大痛苦。"① 正是因为前提的不一致，荀子反向行之，使"化"具有了更积极的价值意义。其余如虚壹而静、隆积重行、礼义、成人等不赘述，其基本结构如下：

性伪之分 —礼义→ 化性起伪 → 虚壹而静 / 隆积重行 → 成人②

如果只是粗略地言荀子为性恶论，极容易忽视荀子在认定性恶之后所做的一系列努力和改造，而后者才是性恶设定的目的，更能体现荀子思想的意义。因此，必须从整个思想体系出发全面地理解荀子人性论的深刻内涵。

---

① 李德永：《道家理论思维对荀子哲学体系的影响》，《道家文化研究》第一辑，陈鼓应编，第262页。
② 《荀子·劝学》："是故权利不能倾也，群众不能移也，天下不能荡也。生乎由是，死乎由是，夫是之谓德操。德操然后能定，能定然后能应，能定能应，夫是之谓成人。天见其明，地见其光，君子贵其全也。""成人"即人的完成，是荀子的理想人格。值得注意的是，作为荀子理想人格之代表的是"禹"，而非"尧舜"，虽然荀子也很推崇尧舜，但是很明显有所区分。"涂之人可以为禹"和孟子的"人皆可以为尧舜"的表达相似，但实质上应是荀子有意替换了理想人格的代表者，治水的禹具有顽强的毅力和吃苦耐劳的精神，自然本性的彻底变化需要长期的痛苦磨练，顽强的毅力和吃苦耐劳的精神必不可少，而且不同于尧舜的"垂拱而治"，禹在成为圣王之前就已有显赫的功绩，是一位功绩型兼道德性的圣王，这正和荀子提倡的精神一致。

二 生之谓性

生、性应是有古代词源上的联系，比如说金文中只有"生"字而无"性"字，傅斯年就据此将先秦关于"性"的文献均释为"生"，后徐复观对此进行了详细地反驳。目前看来，认为凡应该读作"性"字者，郭店楚简皆写作"眚"，即郭店楚简既有"生"字，也有"眚"字，二字的用法在文本中并不相混，而先秦并没有从心的"性"字[①]。因此，所谓的"生之谓性"并非同义的反复，而是以"生"规定"性"，性即与生俱来的本能和生命体呈现的具体样子。告子又说"食色，性也"，即以自然生理欲望言性，但这只是"生之谓性"命题的一个内涵。近些年的出土文献提供了新材料，如郭店楚简《性自命出》是目前研究早期人性论的重要资料，不乏有学者注意到《性自命出》和《荀子》之间的紧密关联。[②] 二者在用词上亦有诸多相似之处，如《性自命出》"刚之柱也，刚取之也；柔之约也，柔取之"、"四海之内，其性一也，其用心各异，教使然也"、"圣人比其类而论会之，观其先后顺逆之，体其义而节文之，理其情而出入之，然后复以教"、"凡声其出于情也信，然后其入拨人之心也够"等，在《荀子》中都有相应的表达。[③] 颜炳罡因此认为《性自命出》可能为仲弓氏的作品，

---

① 丁四新：《生、眚、性之辨与先秦人性论研究之方法论的检讨——以阮元、傅斯年、徐复观相关论述及郭店竹简为中心》，编入《楚地简帛思想研究》（四），丁四新主编，崇文书局，2010，第21页。
② 郭店楚简自1973年出土以来受到广泛的重视，其简为公元前300年前后抄写的著作，又因《性自命出》有作为中国哲学核心命题的心性问题的论述，为早期（孔子之后）心性研究提供了重要材料，尤为受到重视。因为《性自命出》中的性情概念不同于思孟之性情，而与荀子有相似之处，因此研究中国先秦人性论的发展以及《性自命出》与荀子性情论的关系，如梁涛《"以生言性"的传统和孟子的性善论》《竹简〈性自命出〉的人性论问题》、颜炳罡《郭店楚简〈性自命出〉与荀子的情性哲学》等文，都从不同的层面涵盖了荀子人性论思想的来源问题。
③ 详见颜炳罡《郭店楚简〈性自命出〉与荀子的情性哲学》，《中国哲学史》2009年第1期。

荀子直接继承了《性自命出》的人性论思想，但这一结论还有待商榷。各家均从不同角度论证《性自命出》与道、法、儒等诸家有所联系，实际是以诸家思想观照此篇的思想，有意识地对应，自然得出了相关的结论。但《性自命出》的思想本身具有复杂性和多样性，甚至前后文有不一致之处。若换个方向思考，并不事先设定《性自命出》思想归属，仅仅将其作为文本，均放入先秦人性论发展的脉络之中进行对比分析，或会有新的收获。下文将简单梳理《性自命出》中性、心、情、欲等概念，并与荀子相关概念对比，以此探讨二者之间的异同。

首先，"喜怒哀悲之气，性也。及其见于外，则物取之也"，又有"好恶，性也；所好所恶，物也"。很明显，这个"性"与道德无涉，仅是以未发的实质来言性。"四海之内，其性一也。其用心各异"即承认人性的均等，无论善恶，这是自"性相近"和"有性善有性恶"之后的一大转折和进步，"性"是普遍的。但简文有自相矛盾之处，"未教而民恒，性善者也"，其潜在意味即并非人人都是性善者，这就否认了人性的均等[1]。《性自命出》亦重教，"凡性，或动之，或逆之，或交之，或厉之，或出之，或养之，或长之"，外界可以对性产生或好或坏的影响，这是教或养产生的可能条件，更接近于一种自然人性论，因此还有长养、交厉等对性的改变，未言及善恶好坏，即所谓"其心各异，教使然也"。《性自命出》没有明显的文献说明其作者究竟是陈述一种事实还是进行一种理论假设，但是荀子则具有明显的目的性，"其性一也"的设定是其论证人皆有成为圣人的可能性的必要前提，是证明化性起伪的普遍性的重要论据。同时，因为设定了性恶，荀子更加注重对性的改造，提倡"化性起伪"和重视礼义师法等。

其次，"凡人虽有性，心亡奠志，待物而后作，待悦而后行，待习而后奠"，"凡性为主，物取之也。金石之有声，弗扣不鸣，人之虽有

---

[1] 正因为简文前后叙述的不一致，有学者认为此篇当是两部分拼凑而成。但综合而言，《性自命出》虽并非主张性善说，但其学说带有浓厚的善的色彩，这又不同于告子的学说。

性,心弗取不出。凡心有志也,无与不可,性不可独行,犹口之不可独言也"。性之动由于外物之诱,人虽有好恶之性,但只有物诱于外,好恶才表现出来。物是所好所恶,物使得好恶之性外化了,而心正是二者之间的中介,心、性之动是一体的。《性自命出》的"情"有不同的含义:一是情感;二是情实和情感;三是性与外在世界相连接的有倾向的反应,并具有强烈的情感意味,但是三者是统一的。"道始于情,情生于性",而情相对于"道"而言,有"端绪"之义……人所具有的最直接、最初始的现实性,而情、性并不具有直接的对应性。①《性自命出》中涉及欲的讨论较少,而在《语丛二》中的"欲"多为消极的。"欲生于性,虑生于欲"、"恶生于性,怒生于恶",以及爱、知、子、喜、愠、强、弱等均生于性,此处情、欲是并列的概念。而在荀子的体系中,性、情、欲为相应的一组概念,且层层递进,在某些时候甚至可以互用,其情仍不脱情实之义,而在外延上以好、恶、喜、怒、哀、乐为情。

最后,由于受牟宗三、徐复观等港台新儒家的影响,学术界往往认为"以生言性"是自生理欲望以言性,是一个旧传统,是人性论之消极面,不是儒家所特有的;子思、孟子所开启的自德或理以言性的新传统,是儒家人性论之积极面,是儒家所特有之人性论,②这无疑有新儒家崇尚孟子的缘故。但"生之谓性"并不是仅如告子所言的"食色,性也",而应该具有更深层次的内涵。无论是《尚书》《诗经》《左传》等出现的节性、弥性、保性,还是孔子的"性与天道"、孟子的性善、荀子的性恶、竹简中"眚"等,它们之间差异性显著,说明了先秦人性论丰富而复杂的内容,诸人都对人性问题阐发了各自的见解,企图从更深的层次寻找人复杂性的根源。"生之谓性"并不能说是儒家人性论的消极方面,而是一个极为重要的内容。孔子的"吾未见

---

① 详见丁四新《论郭店楚简"情"的内涵》,编入《楚地简帛思想研究》(二),丁四新主编,湖北教育出版社,第135~166页。
② 参见梁涛《"以生言性"的传统与孟子的性善论》,《哲学研究》2007年第7期。

好德如好色者也",孟子的"理义之悦我心,犹刍豢之悦我口"以及小体大体之分,都说明他们都意识到了自然本能的存在,虽更强调德行的重要性,但也讲"养生"。梁涛在《"以生言性"的传统与孟子的性善论》一文中指出,"以生言性"是中国古代人性论的重要命题,其内涵主要有二,一是生命之所以如此生长的根据以及倾向,这是对性的实质性规定;二是生而所具的生理欲望或生理现象,荀子正是这个传统的全面理解者,这从他关于"性"的两个定义可以看出。

"生之所以然者谓之性。性之和所生,精合感应,不事而自然谓之性。"《正名》中荀子有两个界定,并且与"伪"的定义相应。廖名春以为"从表达形式来看,荀子对同一个名词所下的两个定义,它们并非意思平列的'相俪'之句,而是意义相乘的递进句",[1]并提出此句的"所以"实为凭借之义,即"生之所以然者"是指人的形体器官,包括耳目口鼻身等。他对各家的反驳颇为中肯且新的观点颇具启发性,但荀子此"性"是否真如他的考证那样简单地指人的生理器官即以"身"言性呢?笔者对此结论尚持怀疑态度。梁涛引唐君毅的说法"一具体之生命在生长变化发展中,而其生长变化发展,必有所向。此所向之所在,即其生命之性之所在"以加以反驳,认为"古人所言之性,不是抽象的本质、定义,不是'属加种差',而是倾向、趋势、活动、过程,是动态的而非静止的",[2]即生之所以然者之性是一生命物如此生长的内在规定。因此,两个"性"的定义有所区别,一是自天而来的(天生万物),作为生物内在规定的性;二是作为精合感应而生的,不事而自然的"本能",本能是即已发而言,而前者则是其前提和基础。也就是说,对于"性"的全面认知当是发展的、动态的,两个"性"的定义都是"生之谓性"的题中应有之义。

综上所述,《性自命出》和荀子同属于"生之谓性"的大传统,

---

[1] 廖名春:《荀子新探》,文津出版社,1994,第97页。关于这一句的诸家注释,详见第92~105页。
[2] 梁涛:《"以生言性"的传统和孟子的性善论》,《哲学研究》2007年第7期。

从"喜怒哀悲之气,性也",到"性之好恶喜怒哀乐谓之情"的定义,"荀子是在《性自命出》的这个关节点向另一方面继续发展了"。① 荀子的思想更具有体系性,各概念环环相扣,不论是定义还是其内涵都更清晰,《性自命出》还是多有模糊之处,简的前后内容也不太一致。可以推测,荀子人性论的诸多概念并非无源之水、无本之木,或是荀子继承《性自命出》的思想,抑或是二者具有共同的思想来源,因为虽然二者具有极高的相似性,但也必须承认二者之间的差异,若论相似性,《性自命出》一系列概念的内涵和《礼记》系统更为接近。② 因此,虽然并不能直接推定荀子人性论来源于《性自命出》一系,但可能二者具有共同的思想来源,共处于"生之谓性"这一大传统之中。这一传统承认面极广,所谓"生之谓性"是"性"的基本含义,荀子不仅继承而且对其总结,对一系列概念有精确的定义和区分。荀子在运用这些概念时并非如其定义般严格,因此难免有不一致之处。

三 稷下学的学术共识

荀子性恶论的论证起点在于性的内容,即"顺是"之"是",即"饥而欲食,寒而欲煖,劳而欲息,好利而恶害"。就"不事而自然"、"凡性者,天之就也,不可学,不可事"等的定义而言,性应该有更广泛的内容,如情、欲、心(知)、能等,但为什么荀子将其起点定在欲,尤其是好利恶害这一层面?这一点学界的讨论鲜有涉及,性恶的设定全然不同于传统儒家,荀子对于人性的认知或源于法家,或来源于墨家。③ 但经过仔细辨析,"好利恶害"这一基本趋向,当是稷下的学术共识,而非一家之言。这一点在《管子》《尹文子》《吕氏春秋》

---

① 陈来:《郭店楚简之〈性自命出〉篇初探》,《孔子研究》1998 年第 3 期。
② 详见李天虹《郭店竹简〈性自命出〉研究》,湖北教育出版社,2003,第 31~106 页。
③ 详见陈荣庆《荀子与战国学术思潮》,博士学位论文,西北大学历史系,2007,第 138~140 页。

以及田骈、慎到、后期墨家①等处均得到了不同程度的承认,不同的是各家对于人性的态度,如表一所示。

表一 诸子各家对于人性的基本认识及态度

	荀子	后期墨家	管子	慎到/田骈	尹文子
对人性的基本认识	好利恶害	喜利恶害	趋利避害	好利恶害,人皆自私	不肖多好利仁贤有廉耻
对人性的态度	化性起伪	以智权其轻重	利用之	因物任性倡"法"	以名利招,制礼作乐

另《韩非子》《商君书》《吕氏春秋》等之人性论虽各有特点,但稷下诸子或同时之人的人性论有一共同点:人皆有趋利避害的自然本性,不论是出自自私的目的还是心理上的依据。

第一,荀子在文中多次将人好利恶害的倾向与人的诸多本能相并列,以此说明好利恶害亦是人之本能,属于性之一部分,以此论证性之恶。如《荣辱》篇"凡人有所一同:饥而欲食,寒而欲煖,劳而欲息,好利而恶害,是人之生而有也,是无待而然者也,是禹、桀之所同也。"《性恶》篇"夫好利而欲得者,此人之情性也。"廖名春认为所谓的好利疾恶必须知道什么是利恶才能去好、疾,因此所谓的好和疾都是有待学习的,并不是人的自然本能之所有,以此说明荀子关于性恶的论证是错误的。② 笔者并不是很赞同这一点,所谓的好利恶害作为人性的一种倾向,应更接近于后期墨家的心理那一层,所谓的得是而喜、得是而恶,好、恶即一种心理上的自然反应。"利,所得而喜也","害,所得而恶也"(《墨子·经上》),即喜利恶害是人的本性,正如《经说上》的解释,"得是而喜,则是利也","得是而恶,则是害也"。墨家对人趋利避害给出了心理学的依据,即得利则喜,得害而

---

① 后期墨家主要文献是指《墨子》一书中《经上》《经下》《经说上》《经说下》《大取》《小取》等6篇著作,形成于战国中后期,是墨家后学们的作品。
② 详见廖名春《荀子新探》,文津出版社,1994,第107页。

恶。智可以"权其轻重",因为人可能会被眼前小的利害所蒙蔽,"欲正权利,恶正权害",(《墨子·经上》)即欲或恶某事某物,必权其利害的轻重。"于所体之中而权轻重,之谓权。权非为是也,亦非为非也。权,正也。断指以存腕,利之中取大,害之中取小也。"(《墨子·大取》)后期墨家并不涉及对"性"的改变,"智"的权利害之轻重仅建立于性的现实性之上,荀子则提出性可以"化",重视了性发展变化的可能性。且在荀子看来,智之权衡利弊正是性恶论的应有之义,这是顺的过程,因此,荀子的义利之辨,实际上也是性伪之分,"君子能无以利害义"。(《法行》)

第二,《管子·禁藏》:"夫凡人之情,见利莫能无就,见害莫能勿避。"《管子·形势解》亦谈到"民之情莫不欲生而恶死,莫不欲利而恶害",而这种自然本性是不可违背的,只能顺应它。《管子》依此建立了相应的理论,一是"民情可得而御也",即对民情的利用,使人民自然安居乐业,为我所用。二是"围之以害,牵之以利",即利用人皆恶害的本性,用严厉的法来防止社会的混乱。[①]赏罚之所以可行就在于人性的可利用,若是人皆不好生恶死和趋利避害,赏罚都会失去根据和效用。因此,《管子》并未对人的自然本性予以道德性的否定,而是承认并利用之,从而达到社会之治的目的。另外,《慎子·因循》:"天道因则大,化则细。因也者,因人之情也。人莫不自为也,化而使之为我,则莫可得而用也。"慎到指出人的目的在于为己,不论好恶的对象是什么,人都是为自己考虑的,也认识到了人自私的欲望和外界之利的矛盾,即"利不足容也"。因此,慎到提倡法,认为"法之功,莫大于使私不行",即如果任由人之私欲膨胀,则必然影响到社会的安定,而法则可以"公而不党,易而无私"。

荀子以为"怒不过夺,喜不过予,是法胜私也。……君子之能以

[①] 详见白奚《稷下学研究——中国古代的思想自由与百家争鸣》,三联书店,1998,第228页。

公义胜私欲"。(《修身》)但在《非十二子》和《解蔽》篇批评了慎到"尚法而无法""蔽于法而不知贤",有法而无君子则法沦为"数"。荀子之法其实偏于礼,也常常礼法并称,或"仁义法正"等,且赏罚也仅仅是作为礼的手段之一。礼作为"伪",能化性,人能修身以礼而至于成人。"化"并非如《管子》的"囷之以害",即以严厉刑法来"禁民之所恶",荀子的"伪"是礼乐,而礼乐之兴起正是基于人之情性。人之好利恶害是人性合理而不可否认的内容,既不能顺其自然(会导致社会暴乱),又不能单纯地否定和抑制(情欲不可能彻底消除),因此有学者认为荀子人性论中存在顺性与逆性的内在紧张,且是无论如何不可消除的。[①]"顺是"是一种普遍承认的合理逻辑,先秦之诸子均不同程度地赞同,因此荀子便不得不面临这一困境,顺性或者逆性?我认为礼正是荀子脱离困境之良法,是顺性和逆性的折中,礼的一个重要作用便是"道(导)欲"。

> 性者,天之就也;情者,性之质也;欲者,情之应也。以所欲为可得而求之,情之所必不免也;以为可而道之,知所必出也。故虽为守门,欲不可去,性之具也。虽为天子,欲不可尽。欲虽不可尽,可以近尽也。欲虽不可去,求可节也。所欲虽不可尽,求者犹近尽;欲虽不可去,所求不得,虑者欲节求也。道者,进则近尽,退则节求,天下莫之若也。(《正名》)

处理欲有两种状态,一是欲之"近尽",二是欲之"节求",前者是更为理想的状态,"使欲不穷乎物,物必不屈于欲,两者相持而长,是礼之所起也。故礼者,养也。"(《礼论》)通过礼而养人之欲,转化人性恶的因素,这样说来,礼既是养欲,又是化性,具有双重的意义,既不压制人之本性,又在一定程度上满足人之欲,使整个社会归于大

[①] 详见周炽成《顺性与逆性:荀子人性论的内在紧张》,《孔子研究》2003 年第 1 期。

治。因此所谓的顺性与逆性之间的内在紧张并不是不可消除的，这正是荀子将不同的思想来源融为一炉的表现，礼是其统合的枢纽。"兼陈万物而中悬衡"是其思想方法，这"衡"则是儒家之"道"（礼乐），而"道"通过对处于两端的"蔽"的考察和批判而论证了其合理性。荀子分别批判了陈仲、史鳝的"忍性情，綦溪利跂"和它嚣、魏牟的"纵性情，安恣睢"，以为单纯地"忍"（逆）或"纵"（顺），并不足以治天下。

这一时期的诸子百家均认为人皆有趋利避害之自然倾向，自非一家之言，如果单纯认定荀子人性论之好利恶害的内容是继承了某一家之思想，笔者认为实为不妥，这当是稷下的共同语境下的学术共识。而这一共识不仅仅是一种理论的假设，又可能是对战国时期现实的一种回溯推理，即《史记·孟子荀卿列传》的"疾浊世之政"。现实中既有礼义辞让之人，又有贪婪寡义之人，都属于经验性认识，但都将好利恶害当作不事而自然的倾向，而仁义礼乐是人积思虑、修身而获得的，并被用以证明人有求善之心，"苟无知中，必求于外"。在这一共同语境之中，荀子人性论的特点极其鲜明，在承认人性好利恶害的自然倾向之后，并不是因循人情或者以赏罚之法利用人情，也不是仅以智来权衡轻重利弊，而是通过"礼"来使人的欲望得到一定程度的满足和节制，既非全然压抑人性，又非恣情纵欲，"注错习俗，所以化性也；并一而不二，所以成积也。习俗移志，安久移质，并一而不二则通于神明，参于天地矣"。（《儒效》）正是在这一点上，荀子的人性论区分于其他诸子。

四 结语

荀子之人性论涵盖了人性最基本最现实的内容，其性的内容是复杂的，但由于太过强调这一现实性的因素，以至于忽略了性中其他的含义，如心知等。"性"之广泛的定义和以情欲为主要内容（趋利避害）二者之间形成了一种内在的紧张，这又依赖于"礼"的统合。荀子思想吸收和批判了诸家思想，具有巨大的兼容性，这不仅和稷下学宫的学术氛围有关，更和荀子自己的思想主张相关，即"粹而能容杂，夫是之谓兼术"。荀子坚持了儒家重礼乐的基本立场，但是进行了一定程度的修正，容纳了其他家的思想，如道家、法家、墨家等。荀子人性论的每一个方面都渊源有自，但是这并不妨碍荀子思想的独创性，一个思想家的历史地位不仅在于他提出了什么新的理论，也在于他对前人思想的继承与转化，更在于他如何将前人的思想形成完整的思想体系。尽管荀子建立的思想体系不乏矛盾之处，或者概念的表述不够周延，但正是如此才更具吸引力，后人正是在其矛盾之处，破而后立，才进一步推动思想史的发展。

论儒教"宗教性"问题

——基于概念的考察与反思

王文军[*]

摘　要：从概念角度来看，儒教"宗教性"问题具有原生性。一方面，"儒"这一称谓起源于上古巫祝之士，这在一定程度上可视为儒教宗教性的滥觞。另一方面，儒教概念的形成经历了一个层累叠加的过程，其中儒家理论的转向、儒学国家法权地位的确立、谶纬学说的推波助澜，以及儒教对佛、道二教的对抗与吸收都产生了巨大的影响。相较而言，近代以来的儒教"宗教性"论争是一个西方范式全球化背景下的问题，而在这一问题的当代讨论中，它又进一步揭示出一种文明观的错位。正是在这一意义上，我们虽不能否认儒教的宗教性意涵，但更应充分考虑它在本土语境下的特有属性及其背后的文明关切。

关键词：儒教　宗教　概念　文明

近年来，随着儒学的复兴，关于儒教的问题再次受到国内学界的关注与讨论，并引发了学人重建儒教话语范式的热情。与此相伴，在

---

[*] 王文军，哲学博士，北京市社会科学院哲学研究所助理研究员，主要研究方向为儒家哲学。

逐年兴盛的祭孔活动中，"儒教"一词也越来越多被接受和追捧，这一称谓俨然已经成为与西方宗教对话的标准用语。然而，在充分的话题热度下，关于儒教的一些基本问题却没有得到很好的澄清，其中就有儒教的"宗教性"问题。实际上，正是在这一问题上，相关的分歧让当下的儒教研究呈现了颇为吊诡的现象——有人在探寻当代儒教宗教化的话语范式，有人却连儒教"宗教性"这个问题都不承认，而这种反差也在某种程度上揭示出国人对传统信仰的重新接纳与认知之间的某种错位。

大体而言，儒教"宗教性"问题起源于晚明以降的礼仪之争，而在这一问题的当代讨论中，它又进一步提供了一种基于文明比照的概念审视，并大体形成了具有激进和保守双重特征的儒教理解：前者呈现为主动融入全球（实际上是西方）话语体系，将儒教完全视为一种宗教概念；后者呈现为试图超越西方宗教观的藩篱，以本土性的话语体系重新诠释儒教概念的独特意蕴。实际上，儒教"宗教性"虽然是一个现代问题，但从概念角度来看，这一问题具有原生性，而后者在某种程度上正是我们进入这一问题域的最佳方式。有鉴于此，本文拟从"儒教"这一概念出发，对儒教的"宗教性"问题做出考察与反思，进而对"儒教"命题形成更进一步理解和把握。

一 从"儒"字说起

考察儒教"宗教性"问题，可以先从"儒"字说起。儒，《说文》云："柔也。术士之称。"[①] 从字源学来看，"儒"字由"需"字孳乳而来。"需"字上下分别由一个"雨"字和一个"而"字组成，在已出土的甲骨文和金文中，"而"字为𦓃，像一个没有头发的人，这种人一般指"受刑或拥有特殊职位的'异形'人。头上淋雨为'需'。白川

---

① 段玉裁：《说文解字注》，中华书局，2013，第370页。

静先生将'需'解释为'祈雨的巫祝'"[①],可见,《说文》的讲法是有其来源的。另外,《辞源》对"儒"的解释为:"古代从巫、史、祝、卜中分化出来的,也称术士,后泛指学者。"由此可知,"儒"字虽为后出,但它的原意就是巫祝或与之类似的术士。

自古以来,关于儒家的来源,大多遵从《汉书·艺文志》的讲法:"儒家者流,盖出于司徒之官,助人君顺阴阳明教化者。"[②] 所谓司徒掌教化,应当来源于《尚书·尧典》(司徒之职亦首见于此篇),因此《汉书》的讲法在很大程度上属于后世对儒家的一种追认。章太炎曾作《原儒》一文,认为儒有达、类、私三科,其中类名之儒和私名之儒分别属师氏之守和孔子之门,而达名之儒,则正是指术士一类,因此"儒之名于古通为术士"[③],此诚为精到之论。大体而言,原始的宗教形成于对神灵的信奉与祭祀,中国亦不能例外。从信史来看,自殷商起,神灵祭祀就被格外重视,殷人祭祀的对象除了神灵化的上天——"帝"——之外,更包括将先代君主进行神化而形成的祖宗神。到了周朝,这种由"敬天"和"法祖"这两根主线交织在一起而形成的鬼神崇拜系统逐渐成熟,并成为祭祀制度的核心内容。尤其是西周,作为三代文明的集大成者,形成了一套极其盛大而繁复的祭祀体系。既然要祭祀,就必然有专门的从事人员,《周礼·春官·大宗伯》记载:"大宗伯之职,掌建邦之天神、人鬼、地示之礼。"[④] 所谓大宗伯,实际就是当时的巫祝,而这类司职,或许正是儒形成之滥觞。

周朝衰落后,延绵四百余年的礼乐之制在群雄争霸的大动荡之下逐渐瓦解崩溃,整个社会则随之陷入了道德塌陷、伦常失衡的局面,孔子于乱世创立儒家学说,希望能"复礼于衰微"。仔细审视先秦儒家,以孔子为创始人传授诗书、倡导仁爱,然就其社会功用而言,则

---

① 〔日〕陈舜臣:《儒教三千年》,龙利方、余晓潮译,广西师范大学出版社,2009,第6~7页。
② 王先谦:《汉书补注》,上海古籍出版社,2012,第2966页。
③ 庞俊、郭诚永:《国故论衡疏证》,中华书局,2018,第544~55页。
④ 孙诒让:《周礼正义》,中华书局,2013,第1296页。

主要是传承各类已然衰落的礼仪:"孔子与其弟子致力于传播礼乐知识,这被认为是当时'儒者'的活动,也即术士的活动。这也与儒家经典《周礼》所载的古时'儒'的活动相符。"① 孔子殁后,各色弟子依其天分高低、性情好恶,发展了孔子学说的不同面向,因之形成了不同的流派。② 但从其时儒学所呈现的思想面目来看,"先秦儒家本质上是理性的,是哲学的,在这种理性的哲学中普遍包含有强烈的无神论色彩,包含有与神本主义对立的人本主义色彩",③ 然而,这种情况随着方士儒的出现发生了变化。何为方士儒?大体而言,孔子后学虽有不同传承,但从地域来看,则主要是鲁学和齐学两大流派,其中,鲁学重视礼乐讲习,以人伦教化为要。司马迁《史记·儒林列传》云"及高皇帝诛项籍,举兵围鲁,鲁中诸儒尚讲诵习礼乐,弦歌之音不绝",④ 可谓对此形象的描述。与此相比,"齐国多方士,方士知识与鲁之礼教型知识的结合,就是方士儒"。⑤ 其呈现出的学说特色就是好言阴阳、灾异、五行之说,如主张"五德终始说"的邹衍,就是其中的代表。方士儒的出现,使先秦儒学蒙上了某种神秘化的气息,并在一定程度上影响了汉代的儒学发展。

秦朝建立后,始皇帝"祖龙一炬"殃及儒者,儒学因之进入一种较为暗郁的状态,然而,方士儒的学说并未就此消失。汉立鼎祚后大力提倡黄老之学,为了应对时势、发展自身,越来越多的儒生延续了方士儒的方式,开始主动吸收和借鉴许多其他学派如道家、法家、杂家、阴阳家的学说,这使儒学的发展逐渐偏离了先秦儒学人文化的道路,而这种思潮进一步延续到汉武帝时期,则出现了董仲舒充满神学

---

① 赵毅、姜玉贞、孔庆华:《儒和儒家的由来》,《山东行政学院学报》2011年第5期。
② 《韩非子·显学》云:"自孔子之死也,有子张之儒,有子思之儒,有颜氏之儒,有孟氏之儒,有漆雕氏之儒,有仲良氏之儒,有孙氏之儒,有乐正氏之儒。"周勋初:《韩非子校注》,凤凰出版社,2009,第568页。
③ 吾敬东:《也论儒教的历史与形态》,《孔子研究》2008年第5期。
④ (汉)司马迁撰,〔日〕泷川资言考证,杨海峥整理《史记会注考证》,上海古籍出版社,2015。
⑤ 刘小枫:《儒教与民族国家》,华夏出版社,2007,第23页。

色彩的儒学。汉武帝时期，董仲舒"推明孔氏，抑黜百家"的主张被皇帝接纳，儒学由此大显。但需要注意的是，董仲舒杂糅黄老、阴阳、法、墨等学说于儒家经义，形成的所谓"天人感应"学说已非原始面貌的儒家学说，就其本质来说是一种"神学目的论"，虽然其主要着眼于国家治理、君臣伦常，但的确使儒学在理论上进一步呈现神学化的色彩。有学者认为"董仲舒是想在理性和信仰之间，寻求无过无不及的中道，追求建立一种人文的、理性的信念。这反映了儒学思想的实际情况，也可以看成儒教发展的理想"，① 这一观点大致不错。不过，从现实层面来看，在董仲舒改造后的儒学取得王朝的法权地位之后，祭祀孔庙便成了汉朝历代君主的传统，这也就使儒学的宗教化面向得到了某种确立。在这一意义上，董仲舒对儒学的改造无形中成为儒教概念的发端。

二 "儒教"概念的考察

儒学在西汉应时而变，呈现出宗教化的发展面向，不过，即使汉武帝"罢黜百家，独尊儒术"，此时并没有形成儒教的概念。《史记·游侠列传》云："鲁人皆以儒教，而朱家用侠闻。"② 这大约是史籍中关于"儒教"一词的最早记录，但此处的"教"显然是作动词，为教化、教导之义，其中并无宗教意涵。毕竟，从本质上来说，董仲舒虽然引入阴阳、灾异、五行等学说解释儒学理论，但其所重仍在制度礼仪、人伦教化，因此尽管儒家此时已然逐渐跻身为政教意识形态，但其至多只能被视为一种政治神学。然而此时，作为政治工具的谶纬学说登上了历史的舞台，这成为"儒教"概念形成的新契机。

谶纬学说可分而言之。纬，又称纬书，是作为"经之辅"对五经

---

① 张茂泽：《董仲舒的儒教思想》，《衡水学院学报》2019年第6期。
② （汉）司马迁撰，〔日〕泷川资言考证，杨海峥整理《史记会注考证》，上海古籍出版社，2015。

的解说,其特色是以阴阳、五行等秘语来解释儒家经义,其中影响最大的就是对孔子的神秘化描述,如《春秋纬·演孔图》云:"孔子母颜氏徵在,游于大冢之陂,睡梦黑帝使请己,已往梦交,语曰:汝乳必于空桑之中。觉则若感,生丘于空桑之中。"① 孔子在这里被神化成了黑帝之子。除了神灵之子,孔子还被描述成形体神异,具有先知先觉、预言未来等能力,这些神秘化的描述,无疑对儒家的宗教化产生了重大影响,这从东汉后期祭孔典礼规模的逐渐扩大可见一斑。谶,又称图谶,指可以预测吉凶的占验之书,多被利用为政治工具。图谶之说在西汉虽有出现,但并非社会主流,东汉光武帝刘秀以符瑞图谶起兵,即位后崇信谶纬,"宣布图谶于天下",图谶之说由此成为东汉社会的一种潮流。从《后汉书》的记录来看,整个东汉上至王公大臣,下至黎民百姓,人人皆以言谶为尚。实际上,东汉的国家祭祀之礼已经极度体系化,而"国家祭祀的确立需要系统化的宗教思想作为理论基础,以满足统治的需要,而谶纬神学恰好着眼于此",② 由此,谶纬学说成为东汉统治思想的重要组成部分,也就具有了高度的神圣性。

董仲舒对儒学的神学化改造,再加上谶纬之风的推波助澜,最终使"儒教"逐渐成为一个独立的概念。公元79年,汉章帝在白虎观会聚群儒,讨论议定今古文异同,议定结果后由班固纂成《白虎通义》。《白虎通义》是今文经学义理的一次大统一,然而,从现实性质来看,它可以说是沿着董仲舒的脚步,从神学角度对儒家经典中的天人关系、典章制度、纲纪伦理、祭祀仪礼等内容做出了全方位的统一论证,在某种程度上具有政教法典的作用。李申认为:"《白虎通义》是儒教的教理、教义和教规大纲,又是国家的施政法典。它的制订,体现了儒教国家非天子不考文的原则;它的内容,涉及汉代儒教的方方面面,

---

① 赵在翰辑《七纬》,中华书局,2012,第369~370页。
② 张树国:《谶纬神话与东汉国家祭祀体系的建立》,《广州大学学报(社会科学版)》2009年第4期。

反映了汉代儒教的概貌。"① 在这个意义上,"儒教"作为一种概念几乎要呼之欲出了。考察文献,最早使用名词"儒教"概念的正是东汉末年的蔡邕,其作《太尉杨公碑》云:"公承凤绪,世笃儒教,以《欧阳尚书》《京氏易》诲受,四方学者,自远而至,盖逾三千。"② 这里,"儒教"第一次作为一个有指称对象的名词出现。此后,作为名词的儒教称谓逐渐增多,如《晋书·宣帝纪》云:"少有奇节,聪朗多大略,博学洽闻,伏膺儒教。"③《梁书·儒林列传》云:"魏、浮荡,儒教沦歇,风节罔树,抑此之由。"④ 不过,此时的儒教虽然成为一个独立概念,但我们并不能因此确定其宗教指涉。实际上,作为具有宗教指涉的儒教概念,其性质只有在类型学意义上才能成立,也就是说,只有有了佛教、道教这样的概念,作为对比,宗教意义上的儒教概念才具有意义。在此,佛、道二教对儒教概念形成的影响就凸显了出来。

东汉末年,体制化的道教开始形成,差不多同时佛教也翩然西来,"佛教的进入和道教的产生,都对作为本土或正统价值观的儒家思想形成了巨大的挑战,尤其是南北朝时期,这种价值观和文化传统的冲突达到了相当激烈的程度。也正是在这时,基于对抗的现实和客观需要,与佛道二教同义的儒教概念出现了"。⑤ 北周建德二年,武帝"集群臣、沙门、道士——判三教先后。这里出现了儒教。按照优劣对三教排序,结果为儒、道、佛"。⑥ 这里,儒教被放置在与佛教和道教对比的层面上进行考量,究其原因,南北朝时期,胡族入主中华,同汉族从伦理教化角度审视儒教不同,他们更愿意从宗教信仰的角度来将儒教与佛、道二教进行对比,由此,作为具有宗教指涉的儒教概念正式

---

① 李申:《中国儒教史》(上),上海人民出版社,1999,第506页。
② 邓安生:《蔡邕集编年校注》,河北教育出版社,2002,第357页。
③ 房玄龄:《晋书》,中华书局,1974,第1页。
④ 姚思廉:《梁书》,中华书局,1973,第662页。
⑤ 吾敬东:《也论儒教的历史与形态》,《孔子研究》2008年第5期。
⑥ 〔日〕陈舜臣:《儒教三千年》,龙利方、余晓潮译,广西师范大学出版社,2009,第60页。

形成。到了唐代,这一指涉进一步得到确认,唐代以道教为国教,佛教沙门亦极为兴盛,与此相对,制定于唐玄宗时期的《大唐开元礼》则立足于儒教,对祭天、祭祖、祭孔等礼仪做出了详细的制度规定。同时,在唐人的著作中,对儒教的理解也明确呈现了宗教性面向,如唐人封演撰《封氏见闻记》就将儒教与道教并列编排。至此,一个独立的、具有宗教指涉的儒教概念终于在本土的语境中形成。

三 儒教"宗教性"论争

在儒教概念形成过程中,儒家理论的转向、儒学国家法权地位的确立、谶纬学说的推波助澜,以及儒教对佛、道二教的对抗与吸收无疑都产生了巨大的影响,儒教也因此成为一个独立的概念。不过,传统的语境中,儒教并没有被视为一个纯然的宗教概念,中国人在谈及三教时,往往儒释道并言,在单论儒教时,通常又会较为自觉地将其区别于佛教和道教,回归为一种伦理面向的思想学说或教化体系。究其原因,这里面除了受中国人实用主义的宗教观(三教并尊、彼此交融)的影响之外,更主要的或许还是来自儒教自身的"多重面貌"。实际上,在传统的语境中,儒教更多是一个复合的概念。一方面,它具有宗教性的面向,也承载了相当程度的信仰内容。另一方面,它又难以以宗教来涵盖,而是具有更为丰富的指向。在相当长的时间里,这样一种认识在中国社会中都是主流的,也是自洽的。然而,近代以来,围绕着"儒教"这一概念,却出现了一场前所未有的论争,那就是儒教是否为宗教。晚明清初,天主教耶稣会士利玛窦来华传教,面对天主教上帝敬拜与儒教在祭天、祭祖、祭孔等方面礼制之间的冲突,利玛窦选择入乡随俗,在不违背天主教教义的前提下,采用中国人接受的观念和方式传教。然而,此举随即在耶稣会教士中引起争议,并由此引发了一场旷日持久的"中西礼仪之争"。在这场所谓天主教"华化"的争论中,当敬天尊孔祭祖与敬拜上帝之间产生冲突时,"儒教是否为宗教"这样的疑问自然浮出水面,虽然最后的结果为天主教皇宣称儒教的祭祀典仪与天主教义冲突,但关于儒教是否为宗教的争论留存了下来。①晚明以降,伴随着西方文明与中国文明的碰撞,儒教开始被国内学人纳入宗教的框架内考量,于是,关于儒教是否为宗教的论争以前所未有的方式凸显出来。回顾这场论争,有两个重要的时间节点值得注意。其一,晚清民初,康有为提出孔教说,并发起孔教运动。面临三千年未有之大变局,康有为以西方基督教附会儒教,宣称儒教为孔教,孔子为教主,并主张模仿西方,立孔教为国教,不但掀起了时人对"儒教是否为宗教"的讨论,而且一度影响了后来的儒教宗教化运动。其二,20世纪80年代,任继愈先生提出"儒教是教"的观点,并通过一系列文章予以论证,再一次引发关于"儒教是否为宗教"的讨论。有趣的是,在康有为那里,宗教被视为现代文明的标志,儒教亦因具备此特征被加以提倡;而在任继愈那里,宗教被视为封建迷信的表现,因此历史中的儒教受到批判。一个相同的概念,遭受两种不同的"待遇",这种变化在某种程度正折射出传统文明在进入西方所主导的"现代世界"时所遭遇的古今之变。

目前,关于儒教宗教性问题大致形成了三类观点:其一,儒教是宗教;其二,儒教不是宗教;其三,儒教是教化之教,而非宗教之教。就"儒教是宗教"论来看,这一观点在一定程度上可视为对任继愈"儒教是教"说的延续,如李申的儒教论就可视为其中的代表,在《中国儒教史》一书中,李申几乎纯以宗教立论,对儒教史从神学角度做了全方位的梳理和解读。而就近年来的发展来看,持此论者则主张实现从宗教化角度研究儒教的范式转移。就"儒教不是宗教"论来看,目前学界大部分学者持此类观点,这一观点虽然在一定程度

---

① 实际上,从17世纪初利玛窦入华开启争议,到1939年教皇庇护十二世颁布"众所皆知"通谕,"礼仪之争"经历了漫长的争论与博弈,所涉内容也极为广泛,并不限于"儒教是否为宗教"问题。具体可参考李天纲《中国礼仪之争》,中国人民大学出版社,2019。

上承接了传统的认知，即从世俗化的层面理解儒教，但不可忽视的是，持此论者大多趋步于儒学在现代的学院化转型，因此也更为强调儒教思想中的理性或哲学性，至于宗教性的内容则大多避而不谈。而就"儒教是教化之教"论来看，这一观点虽然在学理上强调了儒教概念的独特性，肯定了儒教在历史、文化、社会等层面的意义，但其在更大程度上已不再从宗教或哲学的立场理解儒教，而是从文明的层面对这一概念重新定位，因而也折射出更加深刻复杂的思想意图或谋划。① 当然，需要注意的是，以上三种观点并不是非此即彼的，而是交织在一起的，如认为儒教是宗教者虽然主张推动其范式转移，但并不必然反对非宗教化的研究路径。又如认为儒教为教化论者虽然强调儒教这一概念的特殊性，但同时也主张从宗教的层面对儒教展开"超越性诠释"。

从以上三种观点的争论与纠葛中，我们不难发现，无论如何理解儒教，这一概念中的"宗教性"都是不容否认的。然而，这并不意味着不同论者对宗教的理解不一（尽管其中有广义和狭义之分）。一个容易忽视的现象是，在英语中，儒学与儒教均以 Confucianism 来表示。有学者认为这说明西方对于中国的儒教存在一种"单向度"的解读，实际上，这在某种程度上揭示出的或许正是一种文明观的错位。我们承认，在传统中国，文明的思想主体是由儒教来担当的，但问题在于，不同于西方文明，中国文明从古至今都不是一个以宗教为文明标识的文明体，这是中国"异质"于西方的地方，而正是在这里，出现了理解上的错位。或许，英语中的 Confucianism 提醒我们，在"儒"这个大的文化系统之中，儒教与儒学所指不同，不能等价置换。但正如"儒教为教化之教"论者所指出的，对于儒教概念的理解，我们应该充分关切其背后的历史和文明语境。

---

① 周骋、张晓伟：《"儒教研究百年：回顾与展望"学术研讨会综述》，《世界宗教研究》2021 年第 2 期。

四 儒教"宗教性"的反思

如前文所言,"儒教是否为宗教"这样一个问题并不是自古就存在的,儒教这一概念在传统的语境中也一直是自洽的,而其"作为Religion(宗教)意义上的概念,是一个现代问题,或者说是一个在西方思想和学术背景下产生的问题"。[1] 在某种程度上,这一问题的论争,所揭示的正是儒教概念的古今、中西之变。准确地说,这是一个由中西之争所引发的古今之变,其实质,正是西方范式全球化所形成的一个结果。当下,学人在谈论儒教概念的内涵时,一般会自觉将宗教这一维度纳入其中,或将儒教理解为一种"弥散性宗教",或将儒教理解为"教化、教育、宗教之综合"[2]。这其中,西方范式所带来的影响是不可否认的。

的确,从内涵来看,儒教虽然不是一个纯然的宗教概念,但这一概念中的宗教性指涉是毋庸置疑的。在思想层面,儒教虽然没有形成一套系统的、关于灵魂救赎的理论体系,然而,不可否认的是,儒教中无论是各类"神道设教"的理论建构,还是天人感应、阴阳灾异等学说的阐发,无不透露出神学的色彩,从这个意义上来说,儒教的宗教性是无可置疑的。而在制度层面,儒教的神灵祭祀、敬拜礼仪都起到了规约社会、安定人心的作用,即使作为教化体系的儒教概念,其本身也包含着一定的宗教面向,即作为中国历代王朝神圣性统治的维护者、达成者,以及传统士大夫阶层的精神信仰。"(儒学中的宗教因素)赋予整个学说一种神圣的和决定性的特征,因此,千百年来,儒学才得以巩固其作为国家正统的地位,在传统社会中推行其社会、道德价值。"[3] 而正是这样一种类似于国家宗教的地位,才使得儒教在历

---

[1] 杨义芹:《关于"儒教"概念的考察及其思考》,《孔子研究》2010年第4期。
[2] 韩星:《儒教的现代传承与复兴》,福建教育出版社,2015,第6页。
[3] 杨庆堃:《中国社会中的宗教》,四川人民出版社,2016,第199~200页。

史中长期居于正统,从这一意义上看,如果我们要理解儒教概念,其最大的意义或许也就在于对社会秩序和伦理道德所产生的影响力。

然而,作为中国传统语境下的儒教概念,其虽有宗教的意涵,但总体而言是一种包含政治、社会、文化、风俗等在内的现世教化体系,这与西方意义中的宗教是有很大不同的。尽管儒教以往被拿来和佛、道二教对照,如今又被用来和西方宗教比较,但儒教从来都不是一个严格意义上的宗教概念,也难以按照宗教概念来界定范围。儒教虽然有自己的信仰体系和祭祀礼仪,但它并不像佛、道二教那样建立自己的宗教组织,而是依附于国家政治与社会生活;更不像西方宗教那样提供灵魂救赎或精神彼岸,而是侧重于现世的教育或教化。而就其价值取向来说,即使经历了千百年的理论更新,其现世取向也从没有动摇。作为一种实用性的学说,儒教虽然有种种超自然学说,但这些学说从来没有被神秘主义支配,而是自始至终立足于世俗中的邦国统治、制度伦理。正因为如此,利玛窦来华虽然引发儒教"宗教性"论争,但在本土语境内它并没有被理解为一种宗教。即使激进如晚清的康有为,尽管以西方宗教的外衣来"包装"儒教,但在他的理解中,无论是前期的"阳教",还是后期的"人道教",儒教在根本上仍是一种"教化"的概念。[①] 而从康氏努力而稍显笨拙的表达中,我们或许可以意识到,一种承载于历史文明的概念,虽然可能具有非常丰富的诠释可能,但即便经历再多的范式更新,其内核仍只有在自身的逻辑中才能得到完整的说明和印证。

在本文的考察中,儒教概念的形成经历了从实到名的历史过程,加上佛道二教、西学东渐、文明碰撞等诸多方面的影响,如今要理解

[①] 在对"儒教"(康有为称为孔教)的界定中,康有为虽然吸收了西方宗教的理论资源,但也同时强调了儒教自身的独特性。康氏或以"阳教""阴教"的方式论述孔教与西方宗教的区别,或以"人道教"和"神道教"的区别来分判中西之教,而其中不变的一个核心就是儒教的"教化"维度。可参考康有为《康子内外篇》(中华书局,1988)、汤志钧编《康有为政论集》(中华书局,1998)、唐文明《敷教在宽——康有为孔教思想申论》(中国人民大学出版社,2012)等书。

这一概念已然无法脱离古今中西这个大的背景。但从近年来的论争来看，要真正理解儒教这一概念，还是应该充分考虑到它在本土语境下的特有属性，也唯有如此，才能对儒教中的很多难题做出准确的解释和把握。然而在当前，有不少人将儒教完全置于西方的语境之下进行探讨，甚至生搬硬套西方宗教的模式对其进行解读。此举若是出于探寻儒教话语空间、复兴传统文化之目的，倒也无可厚非。但若是完全站在西方 Religion 的语境下，任意裁剪儒教的真正面貌，以此来接轨西方，恐怕有过犹不及之患。诚然，中国的儒教并没有如西方宗教般建立起独立化的教堂教会，也没有形成体系化的宗教仪式或救赎理论，但它对文明中国的意义是无可替代的。在社会层面，儒教稳定秩序、移风易俗，为华夏礼仪文明贡献良多；在精神层面，儒教广开教化、安定人心，给普罗大众带来精神依托和灵魂安宁；在文化层面，儒教不但发展出了灿烂的仁爱文化，而且为传承文明传统留下了大量的财富。从这个意义来看，儒教似乎也不需要拥有这些形式。

关于李贽的佛学思想

王 杰[*]

摘 要：李贽是明末佛教界两大"教主"之一。其佛学思想诞生于阳明学盛行的时代思潮中，又与名教的卫道士耿定向的论争相关。因此，对其佛学思想的考察，对了解明末佛教的特质具有重要意义。本文不是对其思想文本的单纯考察，而是将其思想还原于当时的时代背景与其生活的环境中，来解读其佛学思想。他认为入世与出世不二，经世即是出世，出世不是在行为上弃世而是心的出离。在此点上儒、释、道同。同时，他还指出欲望人皆共有，圣人亦然，故不应排斥，而应于妙有见真空，于境作佛，从而恢复了人性的自然，解决了宋明以来天理与人欲二元对立的问题，充分反映了明末佛教所具有的社会化、世俗化、生活化的特质。但其佛教思想也为欲望的横流埋下了伏笔，从而遭到正统官学的打压。

关键词：入世出世 欲望 作佛 李贽

关于明代佛教的发展，学界讨论颇多，一些学者认为明代佛教在总体上呈现衰微趋势。[①] 也有一部分学者认为，明朝佛教在理论创造上

---

[*] 王杰，日本大阪市立大学文学博士，北京市社会科学院哲学研究所助理研究员，主要研究方向为以宋明理学、佛学为中心的中国思想史。

[①] 汤用彤：《隋唐佛教史稿》，中华书局，1982，第294页。

可能不如隋唐时代,但能深入实践,深入修持,深入民间,很多民间风俗习惯都受到佛教的影响。关于此点,陈玉女在《明代佛门内外僧俗交涉的场域》中也曾指出:明朝佛教异于他朝的最显著特质就是"社会化、世俗化、生活化",明朝佛教是容易为民众所理解的"有特色的真正中国佛教"。①

此外,还有研究指出:"佛教在明代,地位有所提升,影响有所扩大,一些很重要的社会人士,都是佛教的代表人物。"② 因此,是否衰微,不能粗浅论之,亦不能无视晚明佛教曾出现过的中兴状况。例如,晚明四大高僧株宏、真可、德清、志旭均为法门龙象,于佛法均有建树。尤其真可、德清为弘扬佛法、护佑众生,不惜身命。

又,明末居士佛教亦兴盛一时,据圣严法师研究:"清朝彭际清(1740-1796)所编的《居士传》,共计56卷,自37卷至53卷,为明代居士的传记,其中只有4人是万历以前的,其他的67人的正传及36人的附传,均属于万历年间以至明朝亡国期间(1573~1661)的人物。"③ 例如,李贽、袁宏道、袁中道、袁宗道、焦竑、杨起元、陶望龄、杨起元等均为明末有名的士大夫居士。其中,李贽为名最盛者,与紫柏真可并称明末佛教界两大"教主",在当时的知识分子中具有不可忽视的影响力。据《明史》卷211《耿定向传》记载:"士大夫好禅者往往从贽游。"以上所举居士均是李贽的交游者。

李贽"博淹群书,悠游三门,尤精于内典,其言剔肤见骨,少由酬其机者。"④ 与其交游甚深的袁中道曾言:"李龙湖般若甚深。"⑤ 可

---

① 参见陈玉女《明代佛门内外僧俗交涉的场域》之《序言》《第一章绪论》,台北:稻香出版社,2010。
② 参见2013年10月16日凤凰佛教网刊登方立天《明代北京佛教对后世影响深远》,明代北京佛教学术研讨会,2013。
③ 圣严:《明末佛教研究》,东初出版社,1981,第252页。
④ 张建业汇编《李贽研究资料汇编》,社会科学文献出版社,2013,第217页。根据许建平在《李贽思想演变史》(人民出版社,2005,第104~105页)中的考证,李贽在云南姚安任知府期间,就曾读过《坛经》《华严经》《楞伽经》等。
⑤ 张建业汇编《李贽研究资料汇编》,社会科学文献出版社,2013,第132页。

见其佛学造诣非同一般。其佛学思想融合三教,主张三教合一,又不拘一宗,与其不喜管束的性格相应。① 因而,仅根据文本中的只言片语,断定李贽是儒者,或是纯粹的佛教徒,或属于佛教的哪个宗派,都不符合他的学术风格与性格。

再又,在以往的研究中,多将李贽定位为反封建压迫、反传统思想的斗士、思想家,对其佛学思想未予以充分的重视。近年来虽有所研究,也多停留在对其佛学思想脉络的梳理及定位上,② 忽视了其佛学思想所体现的明代佛学独有的特质。因而,有必要将其佛学思想放置在明末这一时代与思想背景中进行重新解读。

一 产生背景

李贽(1527~1602)生活在阳明学盛行的嘉靖、万历年间。当时社会阶层日益分化,阶级矛盾日益凸显,原有的道德规范已无法解决现实问题,社会迫切需要新的道德观来适应现实的多样化局面。尤其是在商品经济日益发达的明末,人虽然被置于诸多诱惑中,却被压制于"存天理,去人欲"的理法之下,使身心处于被割裂的状态,真实的人性无法舒展。在此种情势中,王阳明的良知之学应运而生,指引人反观内心,发掘本有的良善本性,期待人能自救,亦能自我规范。

然而,从根本上言,王阳明的良知学仅是朱子学在修养方法上的反转,并没有突破既有道德规范对人性的束缚,刚从善恶的二元对立的思想世界中解放出来,又被捆绑在人性本善的枷锁中。因而,他的学说还是没有完全解决当时的社会问题,所以,晚年的王阳明又提出了心之本体的无善无恶说。无善无恶意味着心不再具有某种固定的道

---

① "在家不好修道乎?缘我平生不爱属人管。"载李贽《焚书》卷四《豫约·感慨平生》,中华书局,1974,第185页。

② 参见姜灿腾《明清民国佛教思想史论》,中国社会科学出版社,1996,第209~218、219~222页。

德属性，打破了善之枷锁对心灵的捆绑。之后，其弟子王龙溪在此基础上又进一步提出四无说，即若悟得心是无善无恶之心，意即是无善无恶之意，知即是无善无恶之知，物即是无善无恶之物。[①] 四无说在理论上彻底整合了心与身的分裂，消泯了与外部世界的紧张对立关系，而得圆融自在。而人之欲望无非意之所发，故四无说实际意味着欲望亦是无善无恶的。尽管王龙溪对此没有深入阐发。既然如此，到底该如何对待社会性欲望等诸多欲望呢？是要人随欲而为吗？可见，停留在理论建构上的四无说，也并未为当时的社会问题提出一个真正的解决之策。

但不能否认阳明学具有一定的庶民性。王阳明告诫弟子，要想讲学，须做得个愚夫愚妇才好。此外，阳明的弟子既有士大夫，亦不乏樵夫盐丁，没有阶层制限。其得意弟子之一王艮即是灶丁出身，主张百姓日用即道，是阳明所主张的"不离平常日用内，直造先天未画前"之意的延伸，亦是禅宗所提倡的平常日用即道的体现。这说明道不远人，只在平常日用中，从天子以至庶人皆可成为圣人，每个生命在本质上是平等的，是至尊至贵的。从另一层面讲，阳明学的盛行将圣人拉至与民众等同的地平线上，从而赋予一直处于边缘地带的民众以莫大的自信，也为以后明代的思想发展指出了一个方向。尽管李贽在其著作中鲜有提及良知，论及阳明学，也并未将自己列入阳明学传人的系谱之内，[②] 但不能否定生活在阳明学盛行时代的李贽，或多或少受到了阳明学的熏染与启发。这是考察李贽佛学思想时不可忽视的内在思想理路。也就是说，对于李贽的身份及学派属性，虽然有任何先入观都不恰当，但要将其思想放置在当时的时代思想之流中来看待。

此外，李贽因性格刚烈，爱唱反调，不爱受人管束，为官期间与

[①] 吴震编校整理《天泉证道记》，载《王畿集》卷一，凤凰出版社，2007。
[②] 参见李贽《焚书》卷二《为黄安二上人三首》，中华书局，1974，第80页。又，如前所言，根据李贽的学术风格与性格将他归入任何宗派、派别都不合适。尽管黄宗羲将其归入泰州学派，笔者并不赞同，关于此问题将另行讨论，在此不论。

关于李贽的佛学思想

历任上司皆相抵触。① 官场失意，生活窘迫，父亲、祖父又相继去世，两个儿子也先后离他而去，两个女儿也因病饿交加而死。这诸多因素致使他再无宦意，开始对佛法产生兴趣。② 姚安知府在任期间，"每至伽蓝，判了公事，坐堂皇上，或置名僧其间，簿书有隙，即与参论虚玄。人皆怪之，公亦不顾"。③ 可见他对佛法的热衷程度非同一般。

辞官入楚后，寓居黄安正统道学者耿定向家。不久，便与之在思想上产生冲突，开始了长达十年之久的论争。后来李贽被官府通缉，最终以名教罪人的身份被捕入狱，均与这场论争相关。包括其佛学思想在内的哲学思想也诞生于这场论争中。可以说没有耿李论争，就没有李贽惊世骇俗之言行的诞生。所以，就某种程度而言，李贽佛学思想的诞生实际上是一个事件。是事件就有事件性。所谓事件性是指他的话语含有具体指向，针对的是当时人们关心的儒、佛，即出世与入世的问题，还有对俗儒的批判以及对时弊的披露。例如，其言：

> 平居无事，只解打恭作揖，终日匡坐，同于泥塑，以为杂念不起，便是真实大圣大贤人矣。其稍学奸诈者，又搀入良知讲席，以阴博高官，一旦有警，则面面相觑，绝无人色，甚至互相推委，以为能明哲。盖因国家专用此等辈，故临时无人可用。④

如此言论真实地反映了社会现状与佛教在明末思想空间的存在状态，同时，亦是其与耿定向的争执之处。耿定向官至户部尚书，是正统道学者的代表，也是统理黄安事务的著名乡绅。这是解读李贽佛学

---

① "余唯以不受管束之故，受尽磨难，一生坎坷，将大地为墨，难尽写也。为县博士，即与县令、提学触；为太学博士，即与祭酒、司业触……司礼曹务，即与高尚书、殷尚书、王侍郎、万侍郎尽触也。"李贽：《焚书》卷四《豫约·感慨平生》，中华书局，1974，第187页。
② 李贽：《续焚书》卷二《圣教小引》，中华书局，1974，第66页。
③ 李贽：《焚书》《李温陵传》，中华书局，1974，第4页。
④ 李贽：《焚书》卷四《因记往事》，中华书局，1974，第156页。

· 129 ·

思想时应该注意的又一个背景因素。

二 入世与出世

经世之外，宁别有出世之方乎？出世之旨，岂复有外于经世之事乎？① 经世与出世似对立实统一，在经世中方能出世，出世为了度世，度世即是经世。在不精通佛法，提倡敦伦尽分、上贤下孝的道学者耿定向等看来，似乎佛家主张的舍亲割爱、出家修道的行为是对儒家宗旨的背离。然而，如禅宗六祖之一慧能所言："佛法在世间，不离世间觉，离世觅菩提，恰如求兔角。"又如龙树《中论·观涅槃品二十五》所指："涅槃与世间，无有少分别；世间与涅槃，亦无少分别。"佛法并不排斥世间，相反它的土壤就在世间，如果离开世间的一切无法觉悟。在究竟意上，涅槃也非与世间有别的另一空间境界，而是名相虽殊，实质无别。故李贽指出："儒、道、释之学，一也，以其初皆期于闻道也"②，"则谓三教圣人不同者，真妄也。'囝地一声'，道家教人参学之话头也；'未生以前'，释家教人参学之话头也；'未发之中'，吾儒家教人参学之话头也。同乎，不同乎？唯真实为己性命者默默自知之，此三教圣人所以同为性命之所宗也。"③ 提倡出世的释、道之学，与提倡入世的儒家之学，名异而实同，皆是揭示性命本源之学，故不宜是彼非此，而应相融为一。所以，出家虽为出世，出世并非弃世，而是为了更好地服务世间，是心的出离。如身出家，而心未出离，是没有任何意义的，故李贽又指出：

今之学佛者，非学其弃净饭王之位而苦行于雪山之中也，学其能佛之道而已。今之学孔子者，非学其能在家也，学其能成孔

---

① 李贽：《焚书》卷四《答耿中丞论淡》，中华书局，1974，第24页。
② 李贽：《续焚书》卷二《三教归儒说》，中华书局，1974，第75页。
③ 李贽：《续焚书》卷一《答马历山》，中华书局，1974，第1~2页。

子之道而已。①

肉身现何相，并不重要，关键是心的出离，如"孔子之于鲤，死也久矣，是孔子未尝为子牵也。鲤未死而鲤之母已卒，是孔子亦未尝为妻系也。三桓荐之，而孔子不仕，非人不用孔子，乃孔子自不欲用也。视富贵如浮云，唯与三千七十游行四方，西至晋，南走楚，日夜皇皇以求出世知己。是虽名为在家，实终身出家者矣"。② 孔子虽有家亲眷属却不被人间情爱所系，视名利若浮云，只为道存，虽在家实终身出家者。所以，出家与出世之间没有必然的因果关系：

如果真怕生死，在家出家等，无有异。目前巍冠博带，多少肉身菩萨在于世上，何有弃家去发，然后成佛事乎？③
果生死道念真切，在家方便，尤胜出家万倍。④

不是出家方能成佛，若欲真想了生死，从外在条件而言在家更为方便，毋须托钵化缘、应对信众。

况且，"盖言成佛者，佛本自成，若言成佛，已是不中理之谈矣，况欲发愿以成之哉！"⑤ 佛本自成？然究竟如何自成？

天下无一人不生知，无一物不生知，亦无一刻不生知者，但自不知耳，然又未尝不可使之知也。既成人矣，又何佛不成，而更待他人乎？⑥

---

① 李贽：《焚书》卷一《复邓石阳》，中华书局，1974，第11页。
② 李贽：《焚书》卷三《书黄安二上人手册》，中华书局，1974 第132页。
③ 李贽：《焚书》卷一《答刘宪长》，中华书局，1974，第24页。
④ 李贽：《焚书》卷二《与曾继泉》，中华书局，1974，第52页。
⑤ 李贽：《焚书》卷四《观音问·答澹然师》，中华书局，1974，第167页。
⑥ 李贽：《焚书》卷一《答周西岩》，中华书局，1974，第1页。

如阳明所言人人皆俱良知，人人可为圣人同理，人人皆生而知之，佛性本然，只是不自知而已。然若成人，则成佛。那么，对李贽而言，何谓佛？又如何成人呢？

"天下宁有人外之佛，佛外之人乎？"① 佛由人成，人佛无二。"念佛时但去念佛，欲见慈母时但去见慈母，不必矫情，不必逆性，不必昧心，不必抑志，直心而动，是为真佛。"② 关键是何谓直心？"直心"一语本出自《维摩诘经·佛国品》："直心是菩萨净土。"此经《菩萨品》又云："直心是道场，无虚假故。"根据僧肇解释："直心者，谓质直无谄，此心乃是万行之本"，"直心者，谓内心真直，外无虚假。斯乃基万行之本，坦进道之场也。"③ 由此可知，"直心"即谓真心，是心中无谄曲妄想、诚实无虚假的心。其实也就是李贽所言的"童心"。"夫童心者，真心也；绝假纯真，最初一念之本心也，心之初也。夫心之初曷可失也！然童心胡然而遽失也？盖方其始也，有闻见从耳目而入，而以为主于其内而童心失。其长也，有道理从闻见而入，而以为主于其内而童心失。"④

童心为心之初，人人本俱，然被日后的闻见道理所遮蔽。因而，可以说成人即是返朴归真，重现真心。然而，童心非是求之而复得，闻见道理非是灭之而可除，"你若求佛，即被佛魔摄。你若求祖，即被祖魔缚。你若求皆苦。不如无事"。⑤ 若有所求，就有所缚，故"不如无事"。既然如此，该当如何？只是饥来吃饭，倦来眠吗？

三　欲望与作佛

李贽言道：

---

① 李贽：《焚书》卷一《答周西岩》，中华书局，1974，第1页。
② 李贽：《焚书》卷二《为黄安二上人三首》，中华书局，1974，第82页。
③ 释僧肇著，于德隆点校《僧肇全集》，九州出版社，2017，第15、44页。
④ 李贽：《焚书》卷三《童心说》，中华书局，1974，第98页。
⑤ 张伯伟释译《临济录》，东方出版社，第90页。

关于李贽的佛学思想

若无山河大地,不成清净本原矣,故谓山河大地即清净本原可也。若无山河大地,则清净本原为顽空无用之物。然则无时无处无不是山河大地之生者,岂可以山河大地作为障碍而欲去之也?①

色即是空,要从山河大地有形之相,见其清净本性。若要作为障碍欲去之,则是头上安头,相上立相,辗转增迷。何以故?"清净者,本原清净,是以谓之清净本原也,岂待人清净之后清净耶?"② 即山河大地本原清净,是真空所现之妙有,非真非妄,真妄相即,非有非无,体用一如。真是妄之源,妄是真之显。故不须清净而本自清净。显然,李贽是依相见性,将重点放在"相"上。这恰好与王阳明将侧重点放在"心"上的修法相反,可以说是阳明学在理论上的反转。

正因为李贽了悟万事万物之体性本空,故从平常日用中反观到了人之真性:

生狷隘人也,所相与处,至无几也。间或见一二同参从入无门,不免生菩提心,就此百姓日用处提撕一番。如好货,如好色,如勤学,如进取,如多积金宝,如多买田宅为子孙谋,博求风水为儿孙福荫,凡世间一切治生产业等事,皆其所共好而共习,共知而共言者,是真迩言也。于此果能反而求至,顿得此心,顿见一切贤圣佛祖大机大用,识得本来面目,则无始旷劫未明之事,当下了毕。③

人的诸多欲望非是应去之者,皆是平常人生所共有。"夫私者,人

---

① 李贽:《焚书》卷四《观音问·答自信》,中华书局,1974,第171页。
② 李贽:《焚书》卷四《观音问·答自信》,中华书局,1974,第171页。
③ 李贽:《焚书》卷一《答邓明府》,中华书局,1974,第40页。

之心也。人必有私，而后其心乃见；若无私，则无心矣。"① 人心本私，无视私心，而高唱"存天理，去人欲"，实是掩耳盗铃，自欺欺人。因为即使圣人亦然：

> 夫圣人亦人耳，既不能高飞远举，弃人世，衣不食，绝粒衣草而自逃荒漠。故虽圣人不能无势利之心。②

圣人与平常人无别，亦不能背弃人世，亦需要衣食供具，亦有势利之心。这意味着出世不是不食人间烟火，对世间一切的否定，而是对世间一切的肯定、接受与超越。即出世与入世看似对立实统一。这同时指出人之所共有的生存欲等社会性欲望是合理的，是人无法除去的本然。由此，欲望与天理不再是紧张的二元对立关系，而是欲望即天理：

> 穿衣吃饭，即是人伦物理；除却穿衣吃饭，无伦物矣。世间种种皆衣与饭类耳，故举衣与饭而世间种种自然在其中，非衣饭之外更有所谓种种绝与百姓不相同者耶。学者只宜于伦物上识真空，不当于伦物上辩伦物。故曰："明于庶物，察于人伦。"于伦物上加明察，则可以达本而识真源；否则只在伦物上计较忖度，终无自得之日矣。③

穿衣吃饭等日用事就是最自然不过的常理，世间种种欲望亦围绕此而生。但是，人不能沉溺于世间日常生活与诸多欲望中，而是应从中抽离出来，时刻反观明察，如从山河大地见清净本原一样，要从衣

---

① 李贽：《藏书》卷三十二《德业儒臣后论》，中华书局，1959，第544页。
② 张建业主编《李贽文集》卷七《道古录卷上》，社会科学文献出版社，2000，第357~358页。
③ 李贽：《焚书》卷一《答邓石阳》，中华书局，1974，第4页。

食日用平常中了悟其性本空本清净,而超然于外不被系缚。就如黄檗希运禅师所言:"终日吃饭,未曾咬着一粒米;终日行,未曾踏着一片地。"人有私心不假,但亦非真,人之心不落假真,而本自清净无染,故世间种种虽皆欲望,但其源本净。也就是要如澄观所言:"即心了境界之佛,即境见唯心如来。心佛重重而本觉性一"①,"今学人,只解即心即佛是心作佛,不知即境即佛是境作佛。今明以如为佛,心境皆如,心如即佛,境如焉非。"②

欲望之种种亦是境,由真空之自性所生,故要即境回旋见自性,而非为境转,为境缚。在此种意义上,《法华经》云:"一切治生产业,皆与实相不违背。"一切治生产业如李贽所言山河大地无别,皆是清净本原。故人脱离世间的一切亦无法证入真如实相。所以,不是脱离世间的一切,躲在深山庙子里修行才是佛法。佛法无处不在,世间一切诸众生,皆以其音而说法。舍弃众生,舍弃世间,无佛可成。这也就是李贽所言的"佛无益于事,成佛何为乎?事有碍于佛,佛亦不中用矣,岂不深可笑哉?"③ 理事无碍,是境作佛,故无处非佛土,无人不是佛。如此一来,就如阳明学一样,将圣人、佛降到了与众生同等的地平线上,使佛教彻底扎根于平常日用中,愈加本土化、世俗化、生活化,具有了某种人间佛教的特色。

更为重要的是,"欲望"这个在明末思想界悬而未决的问题,在李贽这里得到了解决,这也使活在宋明理学禁欲主义之下的诸众生,恢复了人的自然性、鲜活性、开放性;使"道"不再是禁欲主义的代名词,满足人们的需要进而使人各得其所,追求物质的快乐。同时应该注意的是,李贽既然主张出世与入世的统一,主张穿衣吃饭即是人伦物理,就意味着李贽所主张的"道"不是对儒家五伦的否定:

---

① 澄观:《华严经疏》卷四,收录于《大正藏》第三十五册,第526页。
② 澄观:《华严演义钞》第十六卷,第123页。
③ 李贽:《焚书》卷一《答周西岩》,中华书局,1974,第1页。

道只在五伦之内。有位育参赞之愿者，须在此处下手。此处蹉过，无处觅道矣。①

"道只在五伦之内"，五伦即日常所履，与王阳明提倡的"不离平常日用内，直造先天未画前"同理，与禅宗的"平常日用即道"亦同理，皆主张从平常日用、孝悌君亲之境悟道、作佛：

念佛者必修行，孝则百行之先。若念佛名而孝行先缺，岂阿弥陀佛亦少孝行之佛乎？决无是理也。我以念假佛而求见阿弥陀佛，彼佛当初亦念何佛而成阿弥陀佛乎？必定亦只是寻常孝慈之人而已。②

佛亦曾是平常孝慈之人，正因为是孝慈之人才有成佛的可能性。因而不能为修行佛法而判亲弃世，而应在尽人道的敦伦尽分中显化佛性。这就意味着佛法与世间法无二无别，佛家与儒家在本质上一体，均主张在孝亲的敦伦尽分中见道，由此使佛教进一步本土化、世俗化、生活化，彻底达到了与儒家文化的深度契合，真正内化于中国。

四　结语

李贽于伦物达本源，于妙有见真空。了悟真空非空之空，而是能生万物之妙有真空。"然则万物果有其所以不有，有其所以不无。有其所以不有，故虽有而非有，有其所以不无，故虽无而非无。虽无而非无，无者不绝虚；虽有而非有，有者非真有。"③山河大地有而非真有，清净本原无而非真无。因而，万事万物殊相幻色，性体真空。欲望亦

---

① 李贽：《四书评》，上海古籍出版社，1989，第16页。
② 李贽：《焚书》卷四《读若无母寄书》，中华书局，1974，第141页。
③ 释僧肇著，于德隆点校《僧肇全集》，九州出版社，2017，第164页。

然。只是如人饮水冷暖自知。唯有见其性，方能通得过。所以，李贽将佛法同化于世间法，在将欲望合理化的同时，也为明末欲望的横流埋下了伏笔。

又因李贽所提倡的佛学思想非大机大用者所能了悟、起用，世间之众生又背觉和尘而不自知者多，故在当时难免有"率天下而沦于禽兽"之嫌。基于此，引起正统道学者耿定向的批判是情理中事，朝廷将其视为名教的罪人，将其抓捕入狱亦是情理中事。毕竟，那个时代还是名教的天下，而李贽恰好是超越那个时代的人。所以，不能不说，李贽的佛儒一如、妙有真空，于日用契真源、于欲望体性空的独特佛学思想虽然不被当时的时代所接受，却真实推进了佛教的本土化，具有某种划时代的意义。可以说是太虚大师所提倡的"仰止唯佛陀，完成在人格，人成即佛成，是名真现实"的人间佛教的雏形。从此点来看，李贽的佛学思想具有不可忽视的历史意义。

论西周社会中礼的意义及其崩坏

徐 羽[*]

摘 要：本文以西周社会中礼的伦理意义为研究对象。首先从封建制度与宗法制度两个方面分析了西周社会的主要形态，在此基础上指出其背后的亲亲与尊尊的精神原则。无论是制度规范还是名物仪式的礼都是此种精神和原则的体现。就礼的意义而言，其不仅是道德原则的外在形式，同时也具有规范人伦关系、正风俗明教化、作为文明与文化的象征等多重作用。然而，随着王权衰微与社会形态的演变，时人对礼之意义的思考也发生了转化。

关键词：封建 宗法 礼 礼崩乐坏 西周

礼乐作为中华文明的重要象征，是理解中国思想与文化的锁钥。《论语·八佾》篇有言："子曰：'周监于二代，郁郁乎文哉！吾从周。'"周代的礼乐文明一方面集以往之大成，另一方面也是春秋以降诸子学说得以产生的现实基础与思想资源。可以说，礼乐文明是研究早期思想无法回避的重要内容。本文以礼在西周社会中的意义为关注对象，试图对西周时期的社会形态、礼在其中的作用以及政治社会演

---

[*] 徐羽，杭州师范大学马克思主义学院助理研究员，主要研究方向为中国哲学史、儒家哲学。

变中的礼做出分析。

一　宗法与封建

　　首先，需要说明的是本文并不是要从历史沿革的角度来讲述一个简略的西周史，而是关注西周社会作为一个整体性的社会形态其最基本的特征是什么，并在此基础上分析礼在这个社会中的定位和意义。由于礼的特殊性，相比于农桑田赋之事，人与人、群体与群体之间是通过怎样的方式组织起来的是本研究重点关注的问题。虽然在早期历史的进程中，广义的礼可谓无所不包，但其有轻重之分、本末之别。礼起于饮食，礼不仅包括宫室居处的建造，也涵盖了饮食、服制的设计和使用。① 但究其本质而言，衣服、饮食、宫室、车马乃至五礼体系的仪式与规程都是某种更为根本的制度与原则的反映。带着这样的视角，我们在观察西周史时就有一个清晰的关注方向：宗法与封建。②

　　宗法制度建立在宗族群体之上，没有以亲缘关系为基础的族群就没有宗法制。许倬云先生认为早期执政者为了保持自身的凝聚力，往往需要维持一定的组织，而这种组织最可能的形式就是宗族或氏族，"不仅分配族群时有殷民六族七族的名称，如《左传》定公四年所载。即使周人自己的组织也是以族为单位"③。然而，仅仅有宗族群体还不足以形成宗法制度，按照人类学家的研究，世界各地的早期文明都有很明显的宗族群体的特征。④ 宗法制度虽然以宗族为基础，但其关于宗

---

① 《礼记·礼运》："夫礼之初，始诸饮食，其燔黍捭豚，污尊而抔饮，蒉桴而土鼓，犹若可以致其敬于鬼神。"关于早期礼制、礼文的具体形式可参见钱玄《三礼通论》，南京师范大学出版社，1996。
② 陈赟："如果说嫡长子继承制构成了以'家天下'为特征的周代王制的纵向构造，那么宗法与封建则构成了周代王制的横向构造。"陈赟：《周礼与家天下的王制》，中国人民大学出版社，2019，第113页。
③ 许倬云：《西周史》，三联书店，2012，第171页。
④ 张光直：《中国考古学论文集》，三联书店，1999，第388页。

族内部关系的规定又不同于一般自发形成的亲属关系。简而言之，宗法制度以嫡长子继承制作为根本和主干，利用大宗和小宗的关系促使宗族群体成为一个有本有末、有主有辅的差异化的共同体。嫡长子继承制以其明确性、稳固性使得宗族群体能够按照一个牢固的原则传承与分化，此点构成了宗法制度的核心，正如王国维先生所言："商人无嫡庶之制，故不能有宗法。"关于商人是否有宗法的问题，学界仍存在较多争论，① 但将嫡庶之制作为宗法的前提无疑是十分精准的观点。具有世袭特征的嫡长子也被称为宗子或宗主，按照杨宽先生的说法，周王的王位由嫡长子继承，其一系乃天下之大宗，而天子的其余众子则分封为诸侯，同样由嫡长子继承其君位，这一系为诸侯国内之大宗，正如《礼记·丧服小记》所言"别子为祖，继别为宗"，但其相对于天子而言则为小宗。自此以下，诸侯与卿大夫也按照同样的模式被组织起来。② 在经学史上，关于天子是否在宗法系统之内有过很多争论，君统与宗统为二的说法也得到了多数经学家的支持。撇开天子是否有大宗之名不谈，从实际情况来说，天子与诸侯之间的关系仍是大宗和小宗的关系。③ 许倬云先生认为在周代的宗族组织中，大宗统御小宗，宗主对其成员有十足的权威。如西周金文琱生簋二件就记载了虽然琱生官居大宰，在朝中颇有地位，但"在本家大宗面前仍是恭谨听命的小宗"。④ 按照规定，宗子掌管全族，其核心地位体现在财产、祭祀和军事等方面。杨宽先生指出宗室"既包括着宗室所有的土地和人民，又包括着奴隶和器用财物，更包括所有私属人员和武装力量以及军赋

---

① 参见陈赟《周礼与家天下的王制》，中国人民大学出版社，2019，第125页。
② 杨宽：《西周史》，上海人民出版社，2016，第454页。
③ 王国维先生认为天子、诸侯有大宗之实而无其名，"盖宗必有所继，我之所以宗之者，以其继别若继高祖以下故也。君之嫡昆弟，庶昆弟皆不得继先君，又何所据以为众兄弟之宗乎？"参见王国维《观堂集林》（外二种），河北教育出版社，2003，第235页。刘家和先生则认为从事实来看并非如此，参见刘家和《宗法辨疑》，《北京师范大学学报》1987年第1期。
④ 许倬云：《西周史》，三联书店，2012，第173~174页。

的收入"。① 这些都是宗子有权使用和处理的对象。宗子既然在宗族中具有如此崇高的地位，其必然要对整个宗族负有一定的义务。其不仅需要致力于整个宗族的兴盛，同时还需要对宗族成员进行庇护。《礼记·大传》在描述宗主的职责时也提出："上治祖祢，尊尊也，下治子孙，亲亲也。旁治昆弟，合族以食，序以昭穆，别之以礼义，人道竭矣。"

与宗法紧密相关的是封建制度，徐复观先生指出西周时期的封建制度与西方所言的封建最大的不同在于"西周的封建政治，是以西周的宗法为骨干所形成的，甚至可以说，这是宗法社会的政治形态"。② 封建与宗法互为表里的关系可以说得到了学者们的一致认同，如许倬云先生就曾指出封建的主从关系与宗族的关系之间是相互重叠的。③ 周代的封建制度作为一种以宗法为骨干的权力分配制度，其最初始于文王，在周公之时得到了大规模的推行。其一方面致力于提供权力分配的合理方案，另一方面也利用由亲缘关系建立起的高度凝聚性的政治共同体来维护自身政权的稳固性。就分封的对象而言，虽然一些外姓诸侯基于征伐殷商的功劳得到了封邦建国的权力，但其主体部分还是同姓诸侯。《左传·僖公二十四年》记载："昔周公吊二叔之不咸，故封建亲戚以蕃屏周，管、蔡、郕、霍、鲁、卫、毛、聃、郜、雍、曹、滕、毕、原、酆、郇，文之昭也。邗、晋、应、韩，武之穆也。凡、蒋、邢、茅、胙、祭，周公之胤也。召穆公思周德之不类，故纠合宗族于成周而作诗。"从这里的记载来看，其主要分封的对象还是以姬姓为主的同姓诸侯。又如《荀子·君道》记载："兼制天下，立七十一国，姬姓独居五十三人。"此种设立的目的正是利用宗族亲戚来匡辅周

---

① 杨宽：《西周史》，上海人民出版社，2016，第472页。刘家和先生在《宗法辨疑》中指出大宗百世不迁因为其有重可传，并援引清儒陈立的说法："为后本所以传重。传重者，传所受宗庙、土地、爵位、人民之重也。"参见刘家和《宗法辨疑》，《北京师范大学学报》1987年第1期。
② 徐复观：《两汉思想史》，华东师范大学出版社，2001，第9页。
③ 许倬云：《西周史》，三联书店，2012，第186页。

室。不仅如此，由于同姓不婚的制度，外姓诸侯与同姓之间多为姻亲关系，故而彼此之间的联系得到加强。

就分封的具体内容而言，许倬云先生据《左传·定公四年》的文字认为包括"若干礼器如车、旂、弓箭、革鼓、玉器，若干成族的殷民，若干官职的属吏（如祝宗卜史、职官五正）以及指定大致疆界的土地（例如少皞之墟、殷墟、夏墟）与该地的人民（例如商奄之民）"[①]。杨宽先生在讲到分封制时也援引了这则材料，他认为在分封的内容中，首要的就是殷商及其方国的贵族，如殷民六族、殷民七族、怀姓九宗等。这些宗族都属于殷商政权的世臣大族，在分封之后成为封君在政治上和军事上的重要依靠[②]。相比于土地而言，所分封的人群与封君的关系更为紧密，如许倬云先生指出分封制度在最初施行的时候，"诸侯封建'封人'的性格强于'封土'的性格……周初各国每多迁移，也正反映了分封性似不必地著某一地点，而是以人群为本体的性格"。[③] 此种做法一方面瓜分了殷族的势力，使其分散，再难构成对周王室的威胁；另一方面也让他们成为新的邦国治理建设的重要力量。

此种制度下形成的封国就其人群的构成来说主要有周人宗亲、殷商旧族以及分封之地的原有居民。虽然不同地区有其地方性文化，但就治理模式而言，它们共享同样的政治原则，有共同的职官如祝宗卜史，有构成政治和军事力量的国人阶层，有国、野对立的乡遂制度。因为遵循一套共同的理念与格套进行治理，故而有着共同的政治文化，在此基础上形成了一个高度凝聚的共同体。与此同时，诸封国与王室之间又有层级分化的差异，天子对诸侯有策命的权力，天子、诸侯、卿大夫在命服制度、列鼎制度等各种制度上有层级之分，此种差异提示的是不同层级宗主之间的尊卑有别。

---

① 许倬云：《西周史》，三联书店，2012，第163页。
② 杨宽：《西周史》，上海人民出版社，2016，第400页。
③ 许倬云：《西周史》，三联书店，2012，第167页。

除此之外，值得提及的是分封还伴随着赐姓命氏的活动，《左传·隐公八年》："天子建德，因生以赐姓，胙之土而命之氏。"孔颖达在疏解此段时指出："姓者，生也，以此为祖，令之相生，虽下及百世，而此姓不改。"① 也就是说，姓来自所由生的远祖，如舜居于妫汭，故而舜及其子孙皆为妫姓。而氏则来自封邦建国之后的国名，"谓封之以国名，以为之氏。诸侯之氏，则国名是也"②。许倬云先生认为"命氏实系代表了由原有族属分列为独立的次级族群"③，在这种条件下，封建而成的诸侯国既包含了以亲缘关系为基础的宗族属性，同时又具有了以地缘关系为基础的政治属性。

以上，我们简要介绍了西周时期的宗法制度与封建制度，接下来需要考察的是此二者是根据怎样的原则与精神而创建的。具体而言，周人立制的"心术与规模"④ 究竟为何，封建与宗法在现实中产生的效果又为何？按照王国维先生的观点，殷周之际是中国政治与文化变革的重大转折点，此种转折在制度上的体现即嫡长子继承制以及随之而来的宗法、丧服、封建、庙数之制和同姓不婚制。他认为这些制度归根结底都是基于亲亲和尊尊的原则。"尊尊、亲亲、贤贤，此三者治天下之通义也。周人以尊尊、亲亲二义，上治祖祢，下治子孙，旁治昆弟；而以贤贤之义治官。"⑤ 周人重视亲亲的血缘关系，祖先在其意义世界中占有重要的地位，宗法、丧服和庙制的推行使得整个宗族得

---

① 孔颖达：《春秋左传正义》，阮元校刻，中华书局，2009，第3764页。
② 孔颖达：《春秋左传正义》，阮元校刻，中华书局，2009，第3764页。
③ 许倬云：《西周史》，三联书店，2012，第167页。
④ 王国维：《观堂集林》外二种，河北教育出版社，2003，第232页。
⑤ 虽然有学者指出殷周之间的差异并不如同王国维先生所言的那样剧烈，但其对此种制度背后核心原则的总结是十分精到的。至于这些制度究竟是周公独创的发明还是有承自殷商传统则是另外一个问题。如李学勤先生指出，近年来，学者通过对殷商甲骨的研究，发现商人也实行嫡长子继承制。据此李学勤先生认为商朝可能已经有了宗法制度的雏形。参见李学勤《古代的礼制和宗法》，载王力《中国古代文化史讲座》，中央广播电视大学出版社，1984，第136~137页。关于《殷周制度论》遭到的批判以及对其意义的定位可参见陈赟《周礼与家天下的王制》，中国人民大学出版社，2019，第56~64页。

以聚拢起来,在生者与死者之间,不同亲缘关系的人群之间形成了一种强大的凝聚力。与此同时,又以宗子为主干形成了尊卑有别的秩序。正如张寿安先生所言:"'亲亲'、'尊尊'作为儒家礼秩的两大基石,从思想上言,儒家的规范理论与社会稳定都得恃此二脉在运作时取得平衡,才能成立。从制度上言,它当然是宗周确立嫡长子传位制之下,宗法、封建、丧服制度同时成立,最重要且最精微的礼秩原则。"[1] 不仅如此,亲亲和尊尊的推行还催生了一系列的德行伦理,使得整个共同体不仅是政治性的,亦是伦理性的。梁启超先生曾指出西周社会为政治与伦理之结合,而呈现为一种伦理性的政治[2]。陈来先生也曾提出孝是宗族最重要的德行,这种重要性是由宗族共同体的结构所决定的,与之相伴的还有其他的家庭伦理[3]。

二 礼在西周社会中的意义

周代社会之政治与伦理相结合的性格在王国维先生那里被概括为"古之所谓国家者,非徒政治之枢机,亦道德之枢机也"[4]。此种政治与道德的实现除了依赖以上所言的制度外,还有相伴而生的众多礼典,所谓"经礼三百,曲礼三千"[5] 之类。这些制度和礼典构成了周人治理的重要依凭,实乃治国之大经大法、道德之器械。据沈文倬先生考证,西周至春秋时期,贵族阶层经常举行各种礼典,礼典的实行年代很早,远于礼书的编纂。从内容上来看,礼典主要包括礼物与礼仪两个方面,即礼学家常言的名物度数与揖让周旋。从构成的类别来看,除了我们通常所言的吉、凶、军、宾、嘉的五礼体系外,还有三礼、八礼、九礼、十礼等分类方式。在此基础上,沈文倬先生考察了西周

---

[1] 张寿安:《礼教论争与礼秩重省》,北京大学出版社,2005,第86页。
[2] 梁启超:《先秦政治思想史》,上海古籍出版社,2013,第40页。
[3] 陈来:《古代宗教与伦理》,三联书店,1996,第313页。
[4] 王国维:《观堂集林》外二种,河北教育出版社,2003,第242页。
[5] 《礼记·礼器》。

彝器的铭文和其他先秦典籍,指出铭文中记载了大量的郊、社、禘、殷、烝等祭礼以及锡命礼、朝聘之礼,而先秦典籍如《书》《诗》《左传》《国语》等也有对冠礼、丧礼、聘礼的记载。不仅如此,《论语》中提及的礼之条文有四十余条之甚,其中有不少描述的就是仪典在节文与仪容方面的要求。这些例证说明礼典的实行遍布周人的贵族阶层。① 从广义上来看,礼典、礼制、礼俗都被称为礼,构成了周人政治文化最核心的内容。大多数学者在研究周代政治与文化时都会注意到欧阳修在《新唐书·礼乐志》中的概括,所谓古者"治出于一","凡民之事,莫不一出于礼","其朝夕从事者,无非此也",这意味着周礼并不等同于一般意义上的礼俗,其高度早已超越民俗而成为整体性、笼罩性的"政之舆也"。② 正如王国维先生所言:"制度典礼者,道德之器也。周人为政之精髓实存于经。"③ 实际上古人自身对礼的重要性也有着清晰的认识,《左传·隐公十一年》认为"礼,经国家,定社稷,序民人,利后嗣者也",《左传·桓公二年》认为"名以制义,义以出礼,礼以体政,政以正民。"

接下来,我们将借助《礼记·曲礼上》的一则材料来详细说明礼这种无所不包、至关重要的作用。

> 道德仁义,非礼不成,教训正俗,非礼不备。分争辨讼,非礼不决。君臣上下父子兄弟,非礼不定。宦学事师,非礼不亲。班朝治军,莅官行法,非礼威严不行。祷祠祭祀,供给鬼神,非礼不诚不庄。是以君子恭敬撙节退让以明礼。

这则材料虽然以并列的形式出现,但其关于礼的意义的说明,实

---

① 沈文倬:《略论礼典的实行和礼书的创作》,载沈文倬《宗周礼乐文明考论》,浙江大学出版社,2001,第1~54页。
② 《左传·襄公二十一年》。
③ 王国维:《观堂集林》外二种,河北教育出版社,2003,第242页。

则是不同层面、多个维度的。通过这样一串叙说，我们几乎可以完整地了解礼的意义。"道德仁义，非礼不成"揭示了礼是不同于道德仁义的外在形式，其有名物、度数、仪文等内容，可以直接在人事生活中得到展现。除此之外，虽然礼来自一定的精神和原则，但这种外化的礼一经制定、运用到社会之中就成为某种公共性、有可操作性的规范和标准，从而不同于个体的道德情感和价值判断。换而言之，虽然道德仁义的内容在整个社会有一定的共识，但其外化为某些言论、行为时则会因个体的差异而呈现出相当的不同。"仁义与礼，虽同出于性，然惟礼者天理之节文，人事之仪则，而细微曲折之间，参差等级之度，莫不有一定之矩矱。故道非礼则无以为率由之准，德非礼则无以为持守之实，仁非礼则无以酌施恩厚薄之等，义非礼则无以得因事裁制之宜。是四者非礼则不能成也。"[①] 此处虽然使用了心性等后期的观念来加以解释，但其道理正是我们想要强调的。因此，礼不仅可以作为道德仁义得以施行的载体，同时也以其公共性和规范性使得道德仁义在落实于人伦日用时能够不偏不倚。

"教训正俗，非礼不备"说明的是礼的教化功能及其整体性的特点。"率之以身而使效之谓教，论之以言而使循之谓训"[②]，礼究其根本而言是某种价值的载体和表达，人们在行礼的过程中不可避免地会受到相应的感召，在频繁的礼典和细密的礼制规范中实现移风易俗的目的。此前我们指出礼制与礼典对周人生活的渗透性非常具体、细密。封建、宗法等制度的每项规定都体现着亲亲与尊尊的原则，而礼典的条目之众则几乎包括了宗教、政治、伦理、军事等全部领域与场合，所谓"事为之制，曲为之防"。[③] "分争辨讼，非礼不决"体现了礼在处理社会矛盾中的重要作用。一方面，礼本身即是非曲直的标准，人、事的合理与否往往需要以礼裁之，《左传》中就记载了大量"非礼也"

---

① 孙希旦：《礼记集解》，沈啸寰、王星贤点校，中华书局，1989，第 8 页。
② 孙希旦：《礼记集解》，沈啸寰、王星贤点校，中华书局，1989，第 8 页。
③ 孙希旦：《礼记集解》，沈啸寰、王星贤点校，中华书局，1989，第 5 页。

的言论,体现了礼对于时人言论、行为的评判作用。另一方面,正如阎步克先生在《士大夫政治演生史稿》中分析礼、法差异时所言,不同于法之截然二分的思路,礼在判定是非时考虑的元素是多样的,礼是对亲亲之情和尊卑之等的调和,同时因为其扎根于以亲缘关系为基础的人伦生活,因此在调解纷争时也往往会有事半功倍的效果。阎步克先生提出制度成本的概念,指出"对此种小农经济基础上的聚落村社,无讼理想并不是腐儒清谈。直至历史后期,狱讼仍被看作是废业伤财之事"。①

"君臣上下父子兄弟,非礼不定"强调的是礼对人伦关系的巩固和强化作用。君臣上下与父子兄弟是人类社会在发展过程中自发形成的伦常关系。礼所要固定的不仅是关系的"定",更是尊卑贵贱的差等之"定"。西周铜器铭文中记载的策命礼可以很好地说明此点。② 诸侯国君在承继大统之时,均需要到周王室处经天子行策命礼。此种礼典实行时,天子会追溯其祖先之功德,勉励继位者恭谨勤勉,并赏赐其一些重要的礼器如车马、衣服、旗章等。策命礼正是通过礼典的方式强化了君臣之间的尊卑关系。如果说"君臣上下父子兄弟,非礼不定"突出的是礼在亲缘关系中如何确立尊卑差等的话,那"宦学事师,非礼不亲"体现的就是礼在非亲缘关系中实现的化疏离为亲近的功能。"宦,谓学仕宦之事。学,谓习学六艺",③ 此二者均为事师,但我们不必固着其事,可以从更为广泛的层面来理解礼如何在人群中创造"非礼不亲"的效果。以乡饮酒礼为例,其为周代乡学中举行的礼典,通过迎宾、献宾、作乐、旅酬、无算爵、送宾等仪式来表达对宾客的尊敬之情。段玉裁在解释"乡"之由来的时候提出:"礼莫重于相亲,故乡饮、乡射原非专为六乡制此礼也,而必冠以乡字。乡大夫、乡先

---

① 阎步克:《士大夫政治演生史稿》,北京大学出版社,2015,第296页。
② 除此之外,《礼记·祭统》和《周礼·大宗伯》以及《逸周书·尝麦解》中也记载了策命礼的仪式。对此杨宽先生有详细的考证。参见杨宽《西周史》,上海人民出版社,2016,第872~877页。
③ 朱彬:《礼记训纂》,饶钦农点校,中华书局,1996,第6页。

生者,谓民所亲近者也。"① 乡饮酒礼通过共食共饮等仪节既彰显了长幼之间的尊卑,同时又使参与者获得了一种情感的亲近与和谐,正如荀子在描述礼乐的功能时所言:"乡里族长之中,长少同听之,则莫不和顺。"②

"班朝治军,莅官行法,非礼威严不行"讲的是礼之庄重与威仪。朝廷位次之定,军旅行伍之分,卿大夫之职事,司寇之刑法皆为严肃而不可侵犯之事。如果没有礼仪的规范,其中的个体行为往往会具有一定程度的随意性,进而对整体的严肃性造成侵害。不仅如此,礼仪因其礼文能够彰显出赫赫威仪,进而会带来相应的震慑力。"祷祠祭祀,供给鬼神,非礼不诚不庄"讲的是礼对于原始宗教的澄汰与改造。我们知道,殷商王室极其重视鬼神,这一点从其频繁的周祭制度中就可见一斑。《礼记·表记》曾对三代的鬼神观做出概括:"殷人尊神,率民以事神,先鬼而后礼。……周人尊礼尚施,事鬼敬神而远之。"相比于殷商重鬼神的宗教特点,周人更重视礼在交于鬼神之事中的优先性。礼规定了天神、地祇与人鬼的祭祀章程,对天子、诸侯、卿大夫的祭祀权都做出了界定,正所谓"不王不禘"③"祭不越望"④。在这种仪式化的语境中,通过斋戒等方式使得参与者保持一种诚敬、庄重的状态,"供给鬼神,必依于礼,然后其心诚实,其容庄肃"。⑤

最后,我们尝试总结礼在西周社会中为何能发挥如此之大的作用。首先,礼是一个无所不包的体系,《史记·礼书》对礼的解释是"君臣朝廷尊卑贵贱之序,下及黎庶车舆衣服宫室饮食嫁娶丧祭之分"。可以说,礼包括了政治、宗教、伦理、军事、民俗等一切领域。阎步克先生认为礼拥有这种无所不包的特点是因为"礼起于俗",俗是在特定地

---

① 《经韵楼集·与黄绍武书论千里第三札》,转引自杨宽《西周史》,上海人民出版社,2016,第797页。
② 《荀子·乐论》。
③ 《礼记·丧服小记》。
④ 《左传·哀公六年》。
⑤ 孙希旦:《礼记集解》,沈啸寰、王星贤点校,中华书局,1989,第9页。

域经由长时段的生活进而形成的具有地域特色的传统和习惯。而"越具原生性的社会,例如氏族社会,在其中习惯风俗就越是隐含着整个社会制度"。① 他指出,礼的普遍功能正是来自俗的无所不包的特点。② 因此,礼是一整套文化象征体系,其渗透了人伦世界的各个层次与方面。其次,这套文化象征体系又有其核心的原则与精神,所有制度和礼典的设计都是从不同的角度来彰显和强化此种精神与原则的。除了通常所概括的"亲亲、尊尊、长长、男女有别"③ 之外,这种精神和原则也被称作"德"。正如沈文倬先生所言,"自周公制礼作乐开始,是首次有意识地对于礼加工改造,他用德字概括了过去的礼,德字不仅包括着人们主观方面的修养,也有客观方面的规范"。④ 又如郑开先生指出"无论是从制度设计角度说还是从现实实践层面看,'礼'都贯穿、体现着'德'的理念和价值"。⑤ 因此,礼既是某种价值与秩序的象征性体现,同时也是维系巩固此套价值与秩序的手段和方式。内在的价值、秩序与外在形式之间相互配合、丝丝入扣,形成一个相互联系的、有机的整体。

三 礼崩乐坏

西周末年,王室陵夷,建立在文治武功之上的开国气象逐渐崩坏颓废。按照《史记·周本纪》的说法,"懿王之时,王室遂衰",从各类史书的记载来看,穆王之时就已有王道衰微的迹象。《国语·周语上》描述了穆王出于耀武扬威的目的去征伐犬戎,进而导致"荒服者不至"的局面。犬戎自西周开国以来就一直对王室有相当的威胁,如古公亶父曾因其侵扰而被迫"亡走岐山下"。经过文王、武王等开国者

---

① 阎步克:《士大夫政治演生史稿》,北京大学出版社,2015,第71页。
② 阎步克:《士大夫政治演生史稿》,北京大学出版社,2015,第73页。
③ 《礼记·丧服小记》。
④ 杨向奎:《宗周社会与礼乐文明》,人民出版社,1992,第353页。
⑤ 郑开:《德礼之间》,三联书店,2009,第87页。

的苦心经营，周人的势力逐渐壮大，到了成王、康王之世，犬戎定期向周王室纳贡，有过相当长时间的安定共处的局面。然而随着穆王对犬戎的征伐，周王室与犬戎的关系又陷入了紧张。①《汉书·匈奴传》记载懿王之时，"戎狄交侵，暴虐中国，中国被其苦，诗人始作，疾而歌之曰：'靡室靡家，猃狁之故'"。西周末年，除却此种人祸外，还有相继流行的天灾，两相交杂下生灵涂炭、民不聊生。周王室的统治势力日渐式微，不仅厉王被国人流放到彘地，周幽王也在犬戎的入侵中被杀。此种情况下，周王室对诸侯的控制力与威慑力早已是荡然无存。《礼记·郊特牲》记载："觐礼，天子不下堂而见诸侯。下堂而见诸侯，天子之失礼也，由夷王以下。"夷王乃懿王之子，懿王崩殂之后其弟孝王继任，孝王去世之后诸侯又立懿王之子即夷王。此时王室权力的衰落与诸侯权力的攀升之间形成鲜明的对比。

王道衰微一个集中而明显的反映就是后人时常提及的"礼崩乐坏"。从礼制的角度来看，封建制度与宗法制度都遭遇了一定程度的破坏。就宗法而言，据陈戍国先生的考证，春秋周王室世系基本保持了嫡长子继承制，而到春秋末年无论是王室还是诸侯国，都出现了成规模的兄终弟及的现象。②但仅仅以嫡长子继承作为判断宗法制度是否运行良好的标准是不够的。宗法制度虽以嫡长子继承制为核心，但更关键的是在整个宗族群体中，大宗对小宗的统摄地位，无论是天子对诸侯，还是诸侯对卿大夫。此前我们提到西周金文琱生簋二件中记载的琱生官居大宰，在朝中颇有威望，但在其宗族的大宗面前仍是非常恭谨顺从的小宗。春秋以降，由小宗分化出来的地缘政治共同体的势力急剧扩张，很多大宗的地位变得十分低下，这说明宗统的力量逐渐衰落，宗法制度也遭遇了重大的冲击。相比于宗法，封建的情况可以说

---

① 段连勤：《犬戎历史始末述——论犬戎的族源、迁徙及同西周王朝的关系》，《民族研究》1989 年第 5 期。
② 陈戍国：《中国礼制史·先秦卷》，湖南教育出版社，2011，第 269 页。

更为不堪。① 封建制度以宗法作为基础,建立起天子—诸侯—卿大夫的政治序列,诸侯对天子不仅有朝觐纳贡的义务,同时还需要在军事政令上听命于周王室的调遣。用柳宗元在《封建论》中的说法即"就而听命焉,以安其属"。自平王东迁之后,周王室的势力越发衰微,一些诸侯国的势力却得到极大的发展,最终形成"齐、楚、秦、晋始大,政由方伯"的局面②,《论语·季氏》中也记载了孔子对此种现象的不满,孔子曰:"禄之去公室,五世矣;政逮于大夫,四世矣;故夫三桓之子孙,微矣。"

从礼典的角度来看,《论语·八佾》是一篇非常有参考价值的文献,正如王博先生所言,《八佾》二十六章,每章都与礼或乐有关。③《八佾》记载了大量违礼的行为,如"八佾舞于庭"体现的是礼数上的悖逆,"季氏旅于泰山"则反映了对界限和范围的僭越。春秋战国以来,违背礼典的现象层出不穷,《左传》《国语》中也有大量的例证,如《左传·庄公二十五年》鲁国"用牲于社",按照规定鲁国的社祭只可用币而不可用牲。又如《国语·鲁语上》记载夏父弗忌逆祀闵、僖二公,违背了祭礼的规范。就"乐"的情况而言,按照《论语·微子》的记载:"大师挚适齐,亚饭干适楚,三饭缭适蔡,四饭缺适秦。鼓方叔入于河,播鼗武入于汉,少师阳、击磬襄,入于海。"王官失守,乐师各自四散飘零,而作为周代礼乐文明重要内容的雅乐也逐渐被桑间濮上之音和郑卫之音所取代。春秋以下礼崩乐坏的局面日益加剧,到了战国时期文武之道可谓尽失,正如顾炎武所言:"如春秋时,犹尊礼重信,而七国则绝不言礼与信矣;春秋时,犹宗周王,而七国则绝不言王矣。春秋时,犹严祭祀,重聘享,而七国则无其事矣;春

---

① 从后世之沿革来看,封建制度随着秦帝国的兴起而一去不返,然而宗法制度在社会层面仍发挥着作用,正如李学勤先生所言:"先秦的宗法制度,在秦汉以后一直有遗迹存在。由汉到唐,崇尚门阀谱系,即与此有关。"参见李学勤《古代的礼制和宗法》,载王力《中国古代文化史讲座》,中央广播电视大学出版社,1984,第138页。
② 《史记·周本纪》。
③ 王博:《中国儒学史》,北京大学出版社,2011,第112页。

秋时，犹论宗姓氏族，而七国则无一言及之矣。春秋时，犹宴会赋诗，而七国则不闻矣；春秋时，犹有赴告策书，而七国则无有矣。"①

与礼崩乐坏的情形相对照的是轰轰烈烈的变法改革以及法家学说的兴起。从现实政治的层面来看，春秋末期各国开始进行变法改革的尝试，此种针对经济、政治和军事的改革卓有成效，成为各国在发展、兼并过程中最有力的支柱。变法改革的运动与法家学派的兴起相继而生，法家的代表人物成为各国变法改革的主导者，如魏文侯任用李悝，楚悼王任用吴起，齐威王任用邹忌，韩昭侯任用申不害，秦孝公任用商鞅。变法改革的具体内容主要有改变封建世袭，废除世卿世禄，推崇军功，颁布法令。在治理方式上于中央设立将、相等官职来总领百官，于地方设立郡县，推行吏治，如"秦以任刀笔之吏"。② 在农业生产上重农抑商，废井田、开阡陌，尽地力之教，使得农业产量得到大幅度的提升。总体而言，变法运动的核心目标可以概括为富国强兵。如果我们将目光从春秋战国延伸至秦汉，在一个较长的历史时期中观察此种变化，我们会发现这众多变化的表征背后有一个根本的转变，即学者们通常所言的周秦之变。周秦的差异从体制上来说是封建制与中央集权制的差异，从政治文化的角度来说则是礼法之别。③ 从思想层面来看，法家提出以法作为治国的手段与方式，强调循名责实，严正

---

① 陈戌国先生认为和春秋相比，战国确实在礼乐之事几无可寻之处，但也没有顾炎武说的如此绝对。参见陈戌国《中国礼制史·先秦卷》，湖南教育出版社，2011，第386页。
② 《史记·张释之冯唐列传》。
③ 郑开："早期政治哲学思考的历史背景与思想动机首先应该是西周时期确立的成熟形态的'早期国家'转型为秦汉以来的'王朝国家'之历史进程；其次就是体现这两种形态的国家、两种政治理念建构于其中的思想史主题——即礼与法之间的矛盾关系。"参见郑开《道家政治哲学发微》，北京大学出版社，2019，第11页。冯友兰："在这个时期，在自然观方面，唯物主义与唯心主义的斗争，主要是围绕着'天'这个问题进行的。在社会思想方面，主要的是围绕着'法'和'礼'这个问题进行的。"参见冯友兰《中国哲学史新编》，人民出版社，2007，第42页。蒙文通："儒家之传本于周，而法家之术大行于战国而极于秦。则儒法之争为新旧两时代思想之争，将二家为一世新旧思想之主流，而百家乃其余波也。"参见蒙文通《蒙文通全集·卷二》，巴蜀书社，2015，第86页。

赏罚。法家学派认为政治治理中应该以法为最高准绳，去除一切对法有所妨碍的内容，其中就包括礼之精神中十分重要的亲亲原则，如"亲亲则别，爱私则险，民众而以别险为务，则民乱"。① 正如瞿同祖先生所言，"法家的努力原在去私任公，亲亲爱私恰与明法的精神背道而驰，自不为法家所容"。② 我们知道，礼的一个主要功能就是在不同的人伦关系中确定个体的份位，以贵贱、尊卑、长幼、亲疏等原则来组织人伦世界，如《礼记·乐记》所言："使亲疏贵贱、长幼男女之理，皆形见于乐。"然而，这些原则在法家看来都是影响法之公共性与客观性的因素，因此不能作为治国的凭借。如《管子·任法》提出："治世则不然，不知亲疏远近贵贱美恶，以度量断之，其杀戮人者不怨也，其赏赐人者不德也。以法制行之，如天地之无私也。"

此种现实和思想的双重运动最终缔造了一个和西周礼乐之治迥然不同的气象。待到秦朝创立，以君主集权为核心，以郡县制为架构，以刀笔吏作为行政运作中的重要力量的崭新帝国得以形成。虽然秦朝短暂地结束了，汉初又施行了分封诸侯的现象，但学者研究表明，汉初政治的治理在很大程度上都沿用了秦朝的模式，所谓"汉承秦制"。③ 在这个过程中，礼在政治治理中的重要性是不断下降的，正如欧阳修所言："其朝夕从事，则以簿书、狱讼、兵食为急"。④ 在"治出于二"的模式下，对于礼之意义的再思考很大程度上是由早期儒家来接续的，文王既没，斯文在兹，礼乐文明对中国文化的渗透和影响将在接下来的几千年中蔚为大观，不绝如缕。

---

① 《商君书·开塞》。
② 瞿同祖：《中国法律与中国社会》，中华书局，2003，第307页。
③ 如阎步克先生指出"黄老政治的实践意义，仅是把专制官僚机器的转速降至最低，政策上的无为伴随着体制上的汉承秦制，文吏政治并没有发生根本性的变化。"参见阎步克《士大夫政治演生史稿》，北京大学出版社，2015，第250页。如陈苏镇先生认为汉初的政治呈现出据秦之地、用秦之人、承秦之制的特点。参见陈苏镇《春秋与汉道》，中华书局，2011。
④ 《新唐书·礼乐志》。

| 西洋精华 |

《论古人的智慧》绎读

王双洪[*]

摘　要： 培根的《论古人的智慧》是非常独特的一部著作。培根以解释古人寓言的形式，表达了自己对于宗教和科学的态度，他认为宗教和经院哲学都是阻碍科学发展的力量。培根将他对物质、自然的探究，对科学力量的发现，对宗教的微辞都隐藏进了对古代寓言的解释当中。《论古人的智慧》实际上是借助古代寓言，表现一位现代人的智慧。培根对于科学的推崇，也提醒我们，在科学发展之初，人类就应该对自然和人类的政治共同体保有足够的敬畏。

关键词： 培根　科学　宗教　寓言　现代性

培根是站在现代门槛上的思想家，如果说古代的思想家关注的是沉思并试图理解自然以及我们生活的世界，那么，大多数现代思想家倾力要做的是，利用、改造并主宰自然和世界。这项现代事业中，当我们想到现代生活与政治原则，往往将目光集中在马基雅维利、霍布斯以及洛克的身上，这固然无可厚非，可是，作为现代事业开拓者的

---

[*] 王双洪，文学博士，北京市社会科学院哲学研究所副研究员，主要研究方向为西方古典哲学、西方政治哲学。

培根,却不能被遗忘。卢梭曾经指出,培根可能是有史以来最伟大的哲学家。卢梭的断言是否合理我们暂且不论,但我们知道,培根生活的年代,正是欧洲在政治、宗教和科技上面临重要变革的时代,这也使得培根在新旧世界交汇的时代的思考来得极为切身,培根是为这种现代转变提供思想资源的人,也许正是在这个意义上,培根可以称得上伟大。

培根出生于1561年,卒于1626年,他生活的年代正处于英国资产阶级革命前夕。当时的英国,对内通过圈地运动,使得大量的农民失去了土地,这些人为后来的资本主义生产提供了大批廉价的劳动力。对教会僧侣资产的清理和重新分配,以及政治上统治阶层对新宠的拉拢,产生了资产阶级新贵族阶层。对外,英国大肆殖民掠夺,与西班牙、葡萄牙争夺海上霸权。资产阶级新贵族热衷于利用在海外掠夺来的资产投资工业。短期内,资产阶级新贵、王权和宗教势力达成过短暂的平衡,但是很快,资产阶级发展的速度需要政治和宗教提供更为宽松的环境,王权和宗教势力逐渐成了阻碍资本主义发展的力量。培根的思考,与上述目标相关,那就是在思想上为新的政治、科学、宗教廓清道路。

一 《论古人的智慧》及培根的其他著作

培根的著作中,有相当的部分是在为新的政治、新的宗教铺设思想的道路。其中,《论古人的智慧》(The Wisdom of the Ancient)是非常独特的一部著作。

培根的第一部著作《论说文集》出版于1597年,当时他的仕途尚未真正开始。这部小册子文笔优美清新,广泛地探讨人生问题,后来不断扩充、再版、修改和调整,到他去世前一年的1625年,《论说文集》增至58篇,是我们今天通用的版本。在《论说文集》初版之后几年,培根著述甚少,但是,在仅有的几篇作品中,都展现了培根后来思想的端倪。比如写于 1603 年的《关于自然的解释》(*The Interpretation of Nature*)，论述了理论上发明、发现的作用及意义；《论时代勇敢的产儿》(*The Ala Ssaline Birth of Eime*)，以对话的形式写成，对于旧哲学的批判，是以法庭审讯的形式展开的，这种对于旧哲学的态度，在后来的《新工具》(*Novum Organum*) 及《论学术的进展》(*Advancement of Learning*) 中有更进一步的论述。《论时代勇敢的产儿》的副标题是"人对宇宙统治权的伟大的复兴"，这也提示了培根后来计划要完成的重要著作的题目《伟大的复兴》(*Great Instruration*)。他在《论时代勇敢的产儿》中借对话者表述，"我是真正来把你引向自然和它一切产物，支配它，使他成为你的奴隶"。① 培根后来的思想命题和立场在早期的著作中都已经得到表述。

培根有一个庞大的写作计划，就是要完成《伟大的复兴》。这个计划包括六个部分。第一部分是"科学的分类"；第二部分是"新工具"或"关怀自然解释的指导"；第三部分是"宇宙现象"或"作为哲学基础的自然和实验的历史"；第四部分是"智力的阶梯"；第五部分是"先驱者"或"新哲学的先锋"；第六部分是"新哲学"或"能动的科学"。② 这个庞大的计划最终并没有能够完成。1605 年培根用英语写作的《论学术的进展》实质上就是《伟大的复兴》第一部分，要对人类的既有知识，以及应该拥有却尚有欠缺的知识做一个科学分类。培根认为分类原则并不是绝对的唯一的，人们可以根据自己的需要和认识角度，提出不同的分类原则，比如，可以按照事物的本质、事物的功能以及科学的研究对象等进行分类，但最终，培根详细论述并沿用的分类原则是，根据人类的理性能力，将知识分为记忆的科学、想象的科学和理性的科学。历史属于记忆的科学，诗歌属于想象的科学，哲学则属于理性的科学。他的这种分类直接影响了后来法国的百科全书

---

① Farrington, *The Philosophy of Francis Bacon*, Chicago, 1966, p. 62.
② 余丽嫦：《培根及其哲学》，人民出版社，1997，第 90 页。

派狄德罗、达朗贝等人,并且被运用到百科全书的编纂当中。《论学术的进展》当中除了对人类知识做出分类,还有相当的篇幅论及科学的组织和管理。

《新工具》是《伟大的复兴》庞大计划的第二部分,用拉丁文以箴言的形式写成。《新工具》旨在为人类的理解力开拓一条新路,而这条新路是古人不曾走过、不曾知道的。他指出,知识有双流、双派,而哲学也有两族、两支,这两个支派并不互相反对、互相对立。换句话说,"有一种培养知识的方式,另有一种发明知识的方法",前者是"对人心的冒测",后一种则是"对自然的解释"。显然,培根选择了后者,他认为知识不是要在辩论中征服论敌,而是要在行动中征服自然。①

在《新工具》第1条箴言中,人与自然的关系是这样表述的:

  人作为自然界的仆人和解释者,他所能做、所能懂的只是如他在事实中或思想中对自然进程所已观察到的那样多,也仅仅那样多:在此之外,他是既无所知,亦不能有所作为。②

显然,培根并不满足于人只能作为自然的仆人和解释者。面对自然,如果人类仅仅服从自然的进程,他一定就是自然的仆人,而如果透过观察到的自然的表征,来理解自然运行的规律,那他就是自然的解释者。解释自然,也只是培根工作的起点和基础。对于自然,人能做什么,在《新工具》的第3条箴言中有明确的断语。

  人类知识和人类权力归于一;因为凡不知原因时即不能产生结果。要支配自然就须服从自然;而凡在思辨中为原因者在动作

---

① 余丽嫦:《培根及其哲学》,人民出版社,1997,第4~5页。
② 〔英〕培根:《新工具》,许宝骙译,商务印书馆,1997,第7页。

中则为法则。①

　　培根既要服从自然又要支配自然的表述，看似矛盾，实则表达了他最终的意图，显然，培根要做的是支配自然，或者叫征服自然。在箴言第129条中，培根进一步表达了自己的雄心。他说，人类有三类野心，一是在本国扩张自己的权力，二是在不同的族群中扩大自己国家的权力和领土，三是在宇宙中扩张人类的权力和领域。培根指出，与前两种野心相比，第三种是健全而又高贵的。人类要对万物建立自己的帝国，靠的就是"技术和科学"，在此，培根重申，我们若不服从自然，我们就不能支配自然。可见，培根期望通过科学征服自然，从而在宇宙中扩大人的力量和领域。

　　培根论述科学在征服自然、建立人类帝国中的重要性时，显然将科学的重要性发挥到了极致，与此同时，他还想到了科学可能被滥用，但培根指出，这并不是反对科学的理由。因为，如果以此为由反对科学，那么，世间一切的美德，诸如智慧、勇气、力量、美丽、财富，等等，都可以因为可能被滥用而遭到反对。他指出，

　　　　我们只管让人类恢复那种由神所馈赠、为其所固有的对于自然的权力，并赋以一种权力；至于如何运用，自由健全的理性和真正的宗教来加以管理。②

　　培根在此指出，自由健全的理性和宗教可以防止科学的滥用。培根在《论学术的进展》中，将历史归为记忆，诗歌归为想象，哲学归为理性，可见，哲学和宗教可能会控制或者弱化科学的不当运用带来的后果。可是，在后来的著作《新大西岛》（*The New Atlantis*）中，科

---

① 〔英〕培根：《新工具》，许宝骙译，商务印书馆，1997，第8页。
② 〔英〕培根：《新工具》，许宝骙译，商务印书馆，1997，第104页。

学似乎拥有管理政治和宗教的权力。伯恩斯曾经指出，"没有能够提出预期的人性哲学，这可能是培根哲学最鲜见的败笔"。① 在培根那里，科学或者哲学如何理解人类事物，是个绕不开的问题。培根的科学，征服自然，保护自然中的人类，使得人们生活得舒适，克服恐惧，满足欲望。在培根这里，弥合科学与人类共同体之间的潜在或者公开的冲突，没有靠柏拉图笔下的德性教育以及哲学的认知，而是靠给予人类舒适和快乐，以及可见的肉体健康，靠改善人类的状况。可是，科学能够为人类提供道德标准和政治标准吗？如果不能，人类共同体中就要由高于科学并管理科学的东西来统治；如果能，那就必然是科学在共同体中高于一切。由此可以看出，科学在一个共同体中的作用和地位，是一直萦绕于培根心中的问题。正如他的传记作者法灵顿所说，"他特别关心的是科学在人类生活中的地位的问题。（培根）之所以伟大是从他那研究科学的哲学家身份来的"。②

上述培根的著作，或者是对于旧的知识、方法思想的批判，或者是对于新知识、新科学、新方法的构建、设想与展望。而《论古人的智慧》一书，与上述著作形成了鲜明对比。这种对比，首先在于作品的内容及行文方式。这部著作用拉丁文写成，后来有很多个译本，但多是附在《论说文集》后面，并且，《论古人的智慧》曾经被视为中小学生的读物，并未受到应有的重视。这部书包含的道理并不像表面读起来那么浅显，培根的很多思想隐藏在看似简单通俗的寓言故事中。

《论古人的智慧》的内容由两部分构成，最前面的是培根给母校剑桥大学的献辞，主体部分是对31篇古代寓言的解释。培根给每个寓言都添加了副标题，比如第四篇"那喀索斯或自恋"，第六篇"潘或自然"，第十一篇"俄耳甫斯或哲学"等。根据怀特（H. B. White）的总结，书中的31篇寓言，有5篇论述自然，25篇论述人事，1篇论述亚

---

① 〔美〕伯恩斯：《〈新工具〉与征服自然》，见刘小枫选编《古典诗文绎读西学卷·现代编》（上），李小均等译，华夏出版社，2009，第192页。
② 〔英〕班加明·法灵顿：《弗兰西斯·培根》，张景明译，三联书店，1958，第2页。

人类事务,而人类对自然的征服包含在人事寓言中。在讨论人事的寓言中,有 10 篇专门讨论政治,其中又有 8 篇讨论政治的严酷性。比如,第二篇讲造反,第三篇讲恐怖,第五篇讲(迫不得已才遵守的)誓言,第七篇讲战争,第九篇讲流言,第十九篇讲暴力,第二十二篇讲世事无常(强调由好变坏),第二十三篇讲作战。[1]

《论古人的智慧》与其他著作的第二个不同之处在于,其他作品都是在表达"新",比如《新工具》《新大西岛》,论述学问的进展和复兴,但这部著作表达的,或者从题目来看,表达的是对古人的尊重。培根在不同的著作中自相矛盾吗?或者问题是,这古老的智慧是谁的智慧?

二 《论古人的智慧》的修辞

在为本书题献给当时的剑桥大学校长的献辞中,培根表达了写作的目的,"为解决生活的困境和揭示科学的奥秘贡献一臂之力"。[2] 在给母校剑桥大学的献辞中,他同样表达了写作的目的,"殷切地希望本人的这些作品能让饱学之士的发明创造有所增加"。培根指出,可能会有人认为这部书平庸无奇,但这只是针对平庸的头脑而言,对于那些更为深沉的思维,这本书提供的力量,不但不会让这种思维搁浅,还要助其远航。所以,可以推测,《论古人的智慧》选择以解释古代寓言故事的形式写作,可能正是出于对思想平庸和深刻的读者的区分,不同的头脑,在这部书中获取的东西是不同的。这种写作方式,有着古老的传统。

培根指出,阅读和解释寓言,不是出于消遣,他深知,寓言的内容有极大的弹性,可以随意改变,用一些技巧和诡辩就可以将本不属

---

[1] 〔美〕怀特:《〈论古人的智慧〉解析》,见刘小枫编《古典诗文绎读西学卷·现代编》(上),李小均等译,华夏出版社,2009,第 165 页。
[2] 〔英〕培根:《论古人的智慧》,李春长译,刘小枫编,华夏出版社,2006,第 2 页。

于寓言的意思强加到它头上,并且看起来合乎情理。虽然培根称这种做法为"滥用"和"歪曲",但他同时认为,将自己的解释加诸寓言之上的做法,由来已久、司空见惯。培根举了古代寓言的例子。有很多广为传颂的寓言归在荷马与赫西俄德名下,培根指出,这些寓言的共同之处是来自更古老的传统,但不同的版本说明不同的作家给原有的寓言增加了不同的内容,而寓言最有价值之处,就是这些增加的内容。① 培根如何评价给古老的寓言增加新含义做法?他的态度在否定和认同之间摇摆,或者说,他并没有给出一个立场清晰的评价。培根以"有人坚持认为"的托辞表达了这样一个观点,寓言的寓意并不是创作之初就有的,总是先有寓言,后有寓意。言外之意是,寓意是靠解释产生的,不同的解释产生不同的寓意。培根并不打算与这种观点争辩,他提出了另外一种说辞,自称不同意上述观点,实质上却是为了强化寓言解释所产生的修辞作用。

培根认为,寓言被用于两种目的,一是掩饰某种意义,二是让某种意义显现。这看似矛盾,实际上两种作用可以统一在寓言身上,寓言的这种特点最好的运用是教育,寓言让人更容易理解新发现、新发明,让有违大众思考习惯、陌生而又抽象的东西变得容易理解。随后培根说的"即使在当今,任何人若希望别人明白关于某课题的新发现,他仍然必须遵循(与寓言相同的)同一种方法,要借助于比喻,否则,会招来敌意或批评"。② 怀特指出,如果说《论古人的智慧》的前言探讨了隐藏问题,那么第一篇寓言讨论的则是坦白问题。③《论古人的智慧》第一篇寓言,正是对培根寓言修辞的解释和印证。第一篇寓言的标题是"卡珊德拉或实话实说",讲述的是阿波罗追求卡珊德拉而不得,所以在赋予她预言能力的同时附加了惩罚,让卡珊德拉的预言

---

① 〔英〕培根:《论古人的智慧》,李春长译,刘小枫编,华夏出版社,2006,第6页。
② 〔英〕培根:《论古人的智慧》,李春长译,刘小枫编,华夏出版社,2006,第8页。
③ 〔美〕怀特:《〈论古人的智慧〉解析》,见刘小枫编《古典诗文绎读西学卷·现代编》(上),李小均等译,华夏出版社,2009,第162页。

很准但没有人相信，让她真实却没有信誉。培根的解释是，这个寓言批评了不合时宜地给出意见或者忠告。言辞要掌握分寸，掌握轻重缓急，分清鸿儒与白丁，懂得什么时候开口，什么时候缄默。这个寓言可谓夫子自况，形象地道出了培根选用解释寓言的方式的原因。他也许正是为了避免敌意和批评，让他的新发现和新观念更容易被接受，才以"古人的智慧"的名义来教授和传播自己的思想。有研究者指出，培根把假定存在的古人智慧当作一种方法，通过有意的欺骗为自己的思想增添威信。①

培根在另外一部书中也表达过对古代的看法。他认为，真正的古人应该是现代人，因为对于人类而言，古代是人类的童年，现代人比古代人年长，所以真正有智慧的人，在培根那里应该是现代人。

> 说到所谓古，人们对它所怀抱的见解是很粗疏而且无当于这字眼本身的。因为只有世界的老迈年龄才算是真正的古，而这种高龄正为我们自己的时代所享有，并不属于古人所生活过的世界早期；那早期对于我们说来虽是较老，从世界自身说来却是较幼的。我们向老年人而不向青年人求教有关人类事物的更多的知识和较成熟的判断，因为老年人经验丰富，所见所闻所思想的事物都是多而且博，这是很对的；同样，我们也有理由希望从我们的这个年代——只要它知道自己的力量并愿奋发表现出来——得到远多于从古代所能得到的东西，因为它正是这个世界的较高年龄，其中已堆积和贮藏着许多实验和观察②。

这段文字清晰地表达了培根对于古、今的态度。所以，当他写作一部重新解释古人寓言、论述古人智慧的书时，我们有理由相信他自

---

① 〔英〕佩特森：《培根的俄耳甫斯神话——〈论古人的智慧〉中作为科学目标的权力》，见《论古人的智慧》，李春长译，刘小枫编，华夏出版社，2006，第153页。
② 〔英〕培根：《新工具》，许宝骙译，商务印书馆，1997，第61~62页。

已在《论古人的智慧》前言的结尾处说的,是"旧瓶装新酒"。培根在用寓言来传达一个现代人的智慧。培根的研究者法灵顿指出,培根很清楚,把新发现与遥远的古代联系起来,会让新发现显得更为神圣。我们试着通过分析《论古人的智慧》中的寓言来管中窥豹,看看培根在寓言的解释中传达了哪些现代的思想和智慧。

三 科学、哲学与宗教

斯芬克斯的故事在西方的传统中为人所熟知,俄狄浦斯解开了斯芬克斯之谜,斯芬克斯被杀死。培根赋予了斯芬克斯新的含义,他的第 28 篇寓言题目为"斯芬克斯或科学"。培根指出,这个故事中的斯芬克斯暗指科学,尤其是实用的科学。他甚至用不太友善的语言说,无知的笨蛋才会认为科学是不可思议的怪物。培根极尽想象力来描绘科学的力量和美。他指出,斯芬克斯多种形体的组合,象征着科学研究对象的类型多样,它的女人面庞和嗓音,代表了科学的美好;生有翅膀,则表明科学和知识的传播;尖利的爪子则是科学公理和论证对于大脑深刻思考的需求以及吸引力。总之,斯芬克斯象征的科学,应该是高高在上的,是崇高而被尊重的。培根将斯芬克斯和缪斯做比较,缪斯之所以不会伤害人类,是因为它代表的是沉思,而斯芬克斯提出与缪斯同样的问题却为难人类,是因为在斯芬克斯这里要将沉思变为实践,需要行动和抉择,这需要更大的痛苦和忧虑。虽然如此,如果人类征服了代表科学的斯芬克斯,人类就可以得到王国,即寓言故事中俄狄浦斯所得到的。培根说,斯芬克斯的难题有两类,一是关于物质的本质,二是关于人的本质。同样,解答了两种不同的难题,会得到两种不同的王国,自然王国和人类王国。统治人类王国很好理解,而对于自然王国,培根给出的解释是,"统治自然即是掌握自然中的物体、医药、机械动力"等,这是自然哲学的最终目标。很显然,培根的解释略显牵强,因为俄狄浦斯只是因为解开了关于人的本质之谜,得到了忒拜城,他并没解开关于物质本质的迷。培根一笔带过的地方表明了他的态度,他认为,是经院哲学满足于空谈轻视进而忽略了对于现实的研究,才导致自然哲学的失败。即便如此,培根也还是给出了对于科学发展不能操之过急的忠告,征服斯芬克斯的是个跛子即是此意。关于科学走中庸之道,不至于毁灭的忠告,在第 27 篇寓言的解释中也有表达。

很显然,培根给了科学无以复加的重要性和崇高的地位。而将阻碍科学发展的原因归于经院哲学,如果再明确一些,他认为是宗教阻碍了科学的发展。在俄耳甫斯或哲学的寓言中,培根将科学、哲学和宗教的话题融合在一起。

俄耳甫斯寓言的标题是"俄耳甫斯或哲学"。培根认为,俄耳甫斯代表的是普遍意义上的哲学。俄耳甫斯的妻子突然去世,他下到冥府去挽救他的妻子,用琴声和歌声打动了冥王和冥后,允许他带妻子回到世间。但是他并没有成功,在不该回头的时候回头,前功尽弃,妻子再也没有机会重返人间。失去妻子的俄耳甫斯,独居山林,在世间用美妙的歌声和琴声吸引了野兽,让他们改变了凶残的本性,变得友善,彼此和谐相处,甚至感动了草木和石头,在他身边井然有序。后来崇拜酒神的色雷斯妇女们,以号角声掩盖了俄耳甫斯的琴声,俄耳甫斯不再能维持自然的友爱与和谐,原有的秩序被打乱,他本人也被发狂的色雷斯妇女撕成了碎片。

培根解释斯芬克斯寓言时,将斯芬克斯的难题分为两类,分别是关于自然的本质与关于人的本质,与之相似,培根认为俄耳甫斯象征了普遍意义上的哲学,并且也将之分为两部分——自然哲学与政治哲学。自然哲学的任务是"恢复和更新不能持久的东西","把事物保持在当前的状态,延缓老化和死亡",但自然哲学失败了,俄耳甫斯没能征服死亡,带回自己的妻子。在自然哲学的努力失败后,哲学转向人类事物,音乐所代表的说服和雄辩带来的团结、秩序和友爱,让共同体拥有美德、正义与和平,这种努力取得了短暂的成功。俄耳甫斯挽救妻子失败之后的改变,培根认为其暗指了哲学史上的重大转向,前苏格拉底的自然哲学转向了伦理和政治，转向政治哲学，这个转向带来的后果是，"苏格拉底将哲学从天上引入人间，使道德哲学变得比以前任何时候都时髦，却转移了人们对自然哲学的关注"①。这种转移是因为自然哲学没有达成目标，他们掌握自然和征服自然的计划失败了。转向之后的俄耳甫斯也没能长久地保持他自己建立的和谐，培根所指的是，哲学建立的人类秩序并不长久。

> 依赖智慧所完成的事业尽管在人类世界中最为出类拔萃，但它们也有自己的兴衰沉浮。一般而言，国家在繁荣一段时间之后会出现动荡、骚乱和战争，这些动乱首先使法律失效，……文艺和哲学就会被撕得粉碎。②

有研究者指出，培根这里意在说明，古代哲学有能力通过"说服和雄辩"建立人类社会的秩序，但是，对于生存与死亡的问题，古代哲学没有提供有效的回答，没有能够利用对自然的征服改善人类状况，当有宗教声称可以通过信仰获得不朽之后，古代哲学必然遭到破坏。③培根在《新工具》中表达过，人类的学术船只遭受海难发生在西塞罗及其以后的时代。我们知道，那正是基督教传播开来的时期。培根指出，除了古希腊和古罗马，他自己的时代可能会成为第三个伟大的学术时期，而对于中世纪的基督教学术，他或者只字不提，或者公开表示轻视。④

象征宗教狂热力量的酒神信仰者们将象征哲学的俄耳甫斯撕得粉碎，值得注意的是，俄耳甫斯并不是唯一的受害者，就在俄耳甫斯寓言的前一篇，"亚克托安和彭忒乌斯或好奇心"中，培根开篇第一句话

---

① 〔英〕培根：《论古人的智慧》，李春长译，刘小枫编，华夏出版社，2006，第162页。
② 〔英〕培根：《论古人的智慧》，李春长译，刘小枫编，华夏出版社，2006，第35页。
③ 〔英〕佩特森：《培根的俄耳甫斯神话——〈论古人的智慧〉中作为科学目标的权力》，见《论古人的智慧》，李春长译，刘小枫编，华夏出版社，2006，第166~167页。
④ 〔英〕培根：《论古人的智慧》，李春长译，刘小枫编，华夏出版社，2006，第167页。

就是,"人类执着于揭示秘密",彭忒乌斯就是因为好奇,爬上大树窥视了酒神巴克科斯的奥秘变得疯狂,用培根的话解释就是,他忘记了自己是凡人,"借助自然和哲学的高度,去洞察神的秘密"。① 在第24篇寓言"狄俄尼索斯或欲望"中,培根再次捡起这个话题,他将彭忒乌斯和俄耳甫斯并称,认为他们都是宗教狂热的受害者。他将失去理智的疯狂归咎于宗教,宗教是不能容忍"好奇的行为和坦诚有益的忠告"的。② 在第18篇寓言"狄俄墨德斯或宗教狂热"中,培根将狄俄墨德斯的死归咎于"轻浮愚蠢的宗教信仰",而当人们因为宗教而受难时,他们的忠告就像天鹅临死前的哀鸣。③ 对自然的好奇、洞察自然的秘密,显然是自然哲学或者说是科学的特征,而培根非常隐晦地将宗教对于科学的阻碍和戕害隐藏在对寓言的解释当中。这种做法无可厚非,因为在培根的时代,宗教依然拥有强大的力量,对宗教的态度要非常谨慎地提出,否则,可能也会落得俄耳甫斯和彭忒乌斯同样的下场。这也正是培根为什么要将自己的观点放在对古代寓言的解释当中。

除了表达宗教对于科学的阻碍,培根还以寓言故事的形式,探究了有关自然的原初事物。比如"潘或自然""卡卢姆或物质的起源""普罗透斯或物质""丘比特或原子"等。培根在解释寓言时,提出了一些在当时看来与宗教相悖,并且对于人们认识自然来说也颇为大胆的观点。比如,象征自然的潘被挫败对于人类社会而言是好事,不要在抽象的理论中,而要在自然中发现有益于生活的东西。关于物质的起源,培根将物质不灭、原子论、物质的结构与《圣经》的观点矛盾而又含混地夹杂在一起。在丘比特的寓言中,培根解释物质起源、物质规律时也同样会提及《圣经》,但事实上,培根对寓言所做的解释,与《圣经》的创世说是相悖的,我们不得不说,将某些激进的观点与宗教关联在一起,是培根的修辞。比如,在"普罗透斯或物质"的寓

---

① 〔英〕培根:《论古人的智慧》,李春长译,刘小枫编,华夏出版社,2006,第32页。
② 〔英〕培根:《论古人的智慧》,李春长译,刘小枫编,华夏出版社,2006,第59页。
③ 〔英〕培根:《论古人的智慧》,李春长译,刘小枫编,华夏出版社,2006,第47页。

言中，人如果通晓了物质的规律，就会像上帝一样全知全能，这是一个隐含在寓言解释中的非常革命化的观点。培根将普罗透斯比作自然的秘密和物质的状态，普罗透斯是个先知，能变幻各种身形，通晓过去、现在和将来，这恰恰与物质相一致。如果"人明白了物质的条件、性质和发展过程，他肯定也通晓所有事物的过去、现在和未来"。[①]

四 结语

在《论古人的智慧》中，培根实际上是借助对于古代寓言的解释，表现了一位展望现代社会的人的智慧。他将对物质、自然的探究，将科学的力量，将对宗教的微辞都塞进了对古代寓言的解释当中。在他那里，古代的哲学没能征服自然，或者说哲学拒绝做出征服自然的努力，没有通过征服自然改善人类的世俗状态；基督教的出现，设定了人的得救，通过信仰实现不朽，然而宗教也成了人类探究自然和物质的障碍。培根渴望建立的是一种能够支配哲学和宗教的事物，依靠它可以征服自然，帮助人类摆脱盛衰的循环。这就是培根所说的"知识就是力量（power）"，或者更准确的说法是，"知识就是权力"。在培根那里，学问的进展、新的工具的发现，必将赋予人前所未有的力量。这种力量，在培根《新大西岛》中萨罗门学院那里得到了完美的体现。俄耳甫斯在自然哲学以及道德政治哲学面前的失败可以经由新宗教科学来挽回，科学可以征服自然，建立新的道德和秩序，甚至科学可以控制人的欲望，为政治社会服务。培根的新大西岛是个脱离了盛衰周期的国度，本撒冷不是依赖哲学和智慧建立起来的，而是一个科学的国度。作为站在现代科学事业开端的思想者，培根从政治、宗教和哲学（自然）几个角度给了技术发明以无以复加的地位。如果说他这样做的原因是为了给当时在宗教和政治夹缝中的现代科学开辟道路，意

[①] 〔英〕培根：《论古人的智慧》，李春长译，刘小枫编，华夏出版社，2006。

在让当时的政治和宗教接纳科学，那么培根似乎也意识到，新大西岛上的科学统治还需要与科学不同的东西。关于利益、关于欲望、关于技术的节制与中间道路，在《论古人的智慧》当中也偶有涉及。在科学高度发展的今天，科学带来的问题较之培根那个科学呼之欲出的时代更为清晰，科学真的能独立于政治存在吗？现代科学对于宗教、道德意味着什么？人类在依赖科学进步，获得物质解放的同时，是否也在遭受某种束缚？也许在科学发展之初，人类就应该保有足够的敬畏，这正是我们无论是在古人还是在现代人那里应该发现的智慧。

文明社会中的自然人

——卢梭的教育思想研究

李婉莉[*]

摘　要：本文通过分析卢梭的《爱弥儿》，来探讨卢梭的教育思想。卢梭自最初的著作开始，就一直颂扬人的自然本性、颂扬人自然生发的美好情感和良知。《爱弥儿》作为讨论教育思想的著作，与他一贯的思想一脉相承。在《爱弥儿》中，卢梭阐发了一种全新的教育观念，主张要按照人的自然天性去教育孩子，教育的目的是培养人的品格和德行，而不只是增长知识。卢梭认为，教育应该始终遵从自然的本性来进行，将人教育成为既是一个具有自然的情感和良知的自然人，同时又是一个能够承担文明社会的责任和义务的理想公民，简言之，就是将人教育培养成为一个文明社会的自然人。

关键词：爱弥儿　自然　自由　卢梭　教育思想

本文主要以卢梭的《爱弥儿》为例，分析卢梭的教育思想和理念。在启蒙运动的诸多重要人物中，卢梭所做出的贡献甚至超过同时代的

---

[*] 李婉莉，哲学博士，北京市社会科学院哲学研究所助理研究员，主要研究方向为法国现象学、法国当代哲学。

其他所有人，几乎只有卢梭能让当时所处世界的主要思潮经历最具启发性的批判，即便是在他引导思潮方向的时候，也是如此。[①] 在启蒙思想家宣扬理性至上的时代，卢梭在几乎每部作品中所表达的对情感、感性、良知、自由的热爱与激情，为人们对时代的反思开辟出了一个崭新的维度，让人们在肯定和独断中多了一份反思、深省和批判。康德正是深受卢梭的启发，在他的批判哲学中开启了对理性、独断论进行深刻批判的哲学运思。这种对理性、科学进行反思、批判而不只是一味赞扬、一路高歌的思路，甚至一直影响到后来的几个世纪，乃至现在。因此，让-雅克·卢梭被誉为"欧洲现代思想之源，尽管他不是这段时期的唯一人物，但却是最重磅的……十八世纪最具争议又无法绕开的思想家，卢梭确为不二之选"。[②]

在十八世纪的欧洲，无论是普通民众还是启蒙思想家、哲学家们，几乎都对理性、科学、艺术为社会和人类带来的进步力量充满信心和崇拜。例如，"伏尔泰在其《哲学通信》及其他作品中，代表他那个时代许多支持启蒙思想的人们发表了看法，他认为学习和科学的发展能够带来美德，并描绘了在现代欧洲从数百年迷信和无知的黑暗中慢慢觉醒的过程中，人类行为的逐步改善。狄德罗和达朗贝尔在构思《百科全书》时，基本遵循了同样的思路"。[③] 但是，卢梭早在他的第一部著作——《论科学与艺术的复兴是否有助于使风俗日趋纯朴》（*Si le rétablissement des sciences et arts a contribué à épurer les moeurs*）（以下简称"论文一"）中，就立场鲜明地反对这种观点，"论文一"认为，科学与艺术的进步造成了人类道德的堕落与败坏，使人类泯灭了原初的自然的情感，人类社会从淳朴、自然走向奢靡与堕落。可以说，"论文一"是卢梭一生思想的起点，其主旨贯穿了卢梭思想的始终。

---

① 〔英〕罗伯特·沃克勒：《卢梭》，刘嘉译，译林出版社，2020，第1页。
② 〔美〕弗兰克·M.特纳著，理查德·A.洛夫特豪斯编《从卢梭到尼采——耶鲁大学公选课》，王玲译，北京大学出版社，2017，第3页。
③ 〔英〕罗伯特·沃克勒：《卢梭》，刘嘉译，译林出版社，2020，第11页。

可见，当启蒙思想家们推崇理性全上，以理性取代宗教神启、以科学战胜蒙昧的时候，卢梭在其思想之初，就对理性和科学提出质疑和批判，相比理性和科学，他更加推崇人的自然状态，向往人最自然的禀赋和天性。

这也正是卢梭的教育哲学所秉持的观点。在《爱弥儿》中，卢梭阐发了一种全新的教育观念，主张要按照人的自然天性去教育孩子，教育的目的是培养人的品格和德行，而不只是增长知识。卢梭认为，教育应该始终遵从自然的本性来进行，将人教育成为既是一个具有自然的情感和良知的自然人，同时又是一个能够承担文明社会的责任和义务的理想公民，简言之，就是将人教育培养成为一个文明社会的自然人。

一 《爱弥儿》：遵从自然的教育理念

如前所述，卢梭自最初的著作"论文一"开始，就在一直颂扬人自然本性、颂扬人自然生发的美好情感和良知，批判现代文明和启蒙思想造成的人心的堕落、道德的败坏。《爱弥儿》作为一部卢梭讨论教育思想的著作，可以说与他一贯的思想一脉相承。

《爱弥儿》不仅是一部论教育的著作，更是一部探讨在一个人的成长过程中如何始终保持人的自然本性的哲学著作。在书中，卢梭对爱弥儿的教育始终都以自然地培养为目标，让孩子始终遵从自然的发展秩序而成长，在心中自然地萌发天然的情感和恻隐之心，萌发出他的良知。

卢梭始终相信人性本善，人自然而然生发的，始终是善良美好的情感。只是当时传统的教育过早地给孩子灌输了各种不与他年龄相称的欲望、自私、虚荣和妒忌等不好的情感，让他不再成为一个拥有自然本性的人。因此，卢梭说，"出自造物主之手的东西，都是好的，而一到了人的手里，就全变坏了。他要强使一种土地滋生另一种土地上的东西,强使一种树木结出另一种树木的果实;他将气候、风雨、季节搞得混乱不清;他残害他的狗、他的马和他的奴仆;他扰乱一切,毁伤一切东西的本来面目;他喜爱丑陋和奇形怪状的东西;他不愿意事物天然的那个样子,甚至对人也是如此,必须把人像练马场的马那样加以训练;必须把人像花园中的树木那样,照他喜爱的样子弄得歪歪扭扭"。①

卢梭认为,我们在出生的时候所没有的东西,我们在长大的时候所需要的东西,全都是由教育赐予我们的。但是,什么样的教育才是正确的、才是有意义的,什么样的教育才能将人真正塑造成有价值的人,这是需要探讨的问题。

卢梭反对当时传统的教育方式,认为按照这样的教育方式培养的人是畸形的、一无是处的,因为这种教育方式只会导致那些偏见、权威、需要、先例以及压在我们身上的一切社会制度扼杀掉我们的天性,却不会给我们的天性添加任何东西。结果就是,人的天性就像一株偶然生长在大路上的树苗,让行人碰来撞去,东弯西扭,不久就弄死了。②

卢梭认为,我们的教育,或是受之于自然,或是受之于人,或是受之于事物。我们的才能和器官的内在的发展,是自然的教育;别人教我们如何利用这种发展,是人的教育;我们从影响我们的事物获得良好的经验,是事物的教育。③ 所以说,我们每个人都是由这三种老师培养起来的。这三种老师的教育必须是和谐一致的,趋向于同样的目的,也就是说,自然的教育、事物的教育和人的教育必须配合一致,必须向着同一个目的,遵从同一个目标,只有这样才能培养出真正和谐、健康、善良美好的人格。如果这三种老师的教育方式互相冲突、目标不一致,那么我们所受到的教育就会出现各种问题。

究竟怎样才能让这三种教育方式和谐一致、目标相同呢?卢梭认

---

① 〔法〕卢梭:《爱弥儿》上卷,李平沤译,商务印书馆,2009,第5页。
② 〔法〕卢梭:《爱弥儿》上卷,李平沤译,商务印书馆,2009,第5页。
③ 〔法〕卢梭:《爱弥儿》上卷,李平沤译,商务印书馆,2009,第7页。

为，由于这三种教育中，自然的教育完全是不能由我们决定的，事物的教育只是在有些方面才能够由我们决定，只有人的教育才是我们能够真正加以控制的。那么，我们就需要用我们能够控制的教育方式去契合我们无法掌控的教育方式。因此，既然自然的教育是我们无法控制的，那么，就需要后两种教育去配合自然的教育，顺从自然的教育。只有这样才能让三种教育方式目标相同、和谐一致。本着这样的原则，当我们需要老师去教育孩子的时候，这位老师就必须以一种合乎自然的教育方式来培养孩子，必须以这种合乎人的自然发展规律的、符合人的自然本性的教育方式来进行教育。

所以，卢梭认为，教育的目标不是别的，就是自然的目标，就是遵从自然的教育。只有遵从自然的教育，才能够让孩子在进入社会之前，首先成长为一个自然人，遵从自己的本心和天性、遵从自己的良知去生活。所以说，卢梭在《爱弥儿》中所要达到的主要目标，就是让人们在文明社会给人造成的各种分裂和败坏中，拨开重重迷雾，重新发现人的自然的本性，重新发现人的天然的情感，恢复人性本身的完整和统一。这也是卢梭的教育哲学的革命性所在。

二　教育的不同阶段

《爱弥儿》的主人公是一位名叫爱弥儿的男孩，卢梭作为家庭教师，从其婴幼儿时期开始进行教育，直到爱弥儿成年，和苏菲恋爱、结婚。全书共分为五卷，每一卷都对应着爱弥儿不同的成长时期。第一卷是幼儿期，第二卷是儿童期，第三卷是少年期，第四卷是青春期，第五卷是成年期。

在爱弥儿幼年时期，卢梭明确提出他的教育目标，要将爱弥儿培养成既是一个遵从自然而成长的自然人，同时又是一个理想的公民。他认为，如果按照当时传统的教育理念，只会将一个孩子训练为自然情感与社会秩序在内心相互撕扯的社会人。卢梭认为，如果一个人经常处于社会秩序与自然的情感在内心相互矛盾与撕扯之中,"经常在他的倾向和他应尽的本分之间徘徊犹豫,则他既不能成为一个人,也不能成为一个公民,他对自己和他人都将一无好处"。① 在卢梭看来,他那个时期的法国人、英国人乃至所有中产阶级的人,都是这样一种矛盾的存在,因此都将成为一无可取的人。

因此,卢梭认为,如果让一个孩子遵从自然而成长,成长为一个自然人与公民的和谐的结合体,那么,教育孩子的目的,就不是仅仅教给他知识,更重要的,是教育他的品格,让他成为一个真正的人。在卢梭看来,"只有一门学科是必须要教给孩子的:这门学科就是做人的天职。……我宁愿把有这种知识的老师称为导师而不称为教师,因为问题不在于要他拿什么东西去教孩子,而是要他指导孩子怎么做人。他的责任不是教给孩子们行为的准绳,他的责任是促使他们去发现这些准绳"②。

可以说,在爱弥儿从幼儿到成年的每个阶段,卢梭都是按照这个目标去培养他的。在幼儿阶段,由于孩子还很弱小,成年人总会尽可能地帮他,为他做一切事。孩子不需要自己动手,只需要提出要求,甚至哭几声,就可以满足自己的一切要求。卢梭认为,大人帮助孩子做一切事,有求必应的结果,是让这个孩子很容易产生驾驭他人的思想,产生役使他人的欲望。役使他人的思想一旦产生,就会助长人的自尊心理,随之而来的,就是各种奇异的幻想跟随着需要而产生,这时候,我们的偏见和个人的见解就扎下了最初的根。显然,这样一来,这个孩子的教育就偏离了自然的道路。

因此,卢梭提出教育的四个准则。第一个准则,鉴于孩子们不仅没有多余的力量,甚至还没有足够的力量来满足大自然对他们的要求,因此,必须让他们使用大自然赋予他们的一切力量,这些力量,他们

---

① 〔法〕卢梭:《爱弥儿》上卷,李平沤译,商务印书馆,2009,第10页。
② 〔法〕卢梭:《爱弥儿》上卷,李平沤译,商务印书馆,2009,第31页。

是不至于随便滥用的。第二个准则,一切身体的需要,不论是在智慧方面还是在体力方面,都必须对他们进行帮助,弥补他们的不足。第三个准则,在给他们帮助的时候,应当只限制在他们真正需要的时候才帮助他们,绝不能依从他们胡乱的想法和没有道理的欲望,因为,胡乱的想法不是自然的,所以即使不使它实现,也不会使孩子感到难过。第四个准则,应当仔细研究他们的语言和动作,以便在他们还不知道装佯的年岁时,辨别他们哪些欲望是直接由自然产生的,哪些是由心里想出来的。①

在卢梭看来,这四个准则的目的,就是多给孩子真正的自由,少让他们产生驾驭他人的思想。要让孩子趁早养成不命令人的习惯,让他们明白,他们不是谁的主人,别人也不是他随便役使的对象。要让孩子自己多动手,少要别人替他做事,从而让孩子尽早地将自己的欲望限制在自己力所能及的范围内。

到了爱弥儿的童年时期,此时,孩子开始拥有感觉、记忆,开始有了初步的理性判断的能力,因此,卢梭在这一时期着重培养爱弥儿的道德品行。对孩子道德的培养不是依靠口头的训诫,而是实际的行动,因为,"真正的教育不在于口训,而在于实行"。②卢梭带着爱弥儿在生活的各个方面、各个角落,利用各种生活经验对其进行教育。例如,这个时期的孩子还没有真正达到理性的年龄,也没有道德的观念,并不能理解职责、义务、规则、道德等概念的真正意义,此时,仅仅对他进行道德说教是没有什么意义的。如果孩子犯了错,不能一味地进行说教和惩罚,而应利用生活经验来让他明白他的行为是错的、有害的。比如,当这个孩子性情暴烈,碰到什么就破坏什么的时候,卢梭不会立刻就将孩子打破的东西修理好,或用新的东西换掉打坏的东西,而是冷落一段时间,让他充分感受到没有这个东西给他造成的

---

① 〔法〕卢梭:《爱弥儿》上卷,李平沤译,商务印书馆,2009,第58~59页。
② 〔法〕卢梭:《爱弥儿》上卷,李平沤译,商务印书馆,2009,第13页。

不方便。"他打破他房间的窗子,你就让他昼夜都受风吹,别怕他受风寒,因为,宁可让他受凉,不可让他发疯。绝不要埋怨他给你造成的种种麻烦,不过,你要让他头一个感觉到这些麻烦。"① 只有当这个孩子切身体会到自己的行为所带来的苦痛和麻烦的时候,他才会了解自身行为的错误,并在以后不会重新犯错。

第三个阶段,是十二三岁的少年时期,此时也是前青春期。在这个时期,孩子的体力和精力相对来说都达到了很好的水平,卢梭认为这是一个人生命中最珍贵的时期。随着体力极度发展,精神的活力也跟着发展起来,此时,孩子的求知欲会大大增强,因此,如何满足他们的好奇心理和求知欲,让他们遵从自然,合理地接受知识和教育,就成了这一阶段最重要的问题。学海无涯,但人生有限,智慧也有限。卢梭认为,真正有益于我们幸福的知识,其实是很少的,而只有这样的知识才是值得我们去学习的,也才是值得孩子去寻求的。因此,对于这个阶段的孩子来说,最大的任务就是避免学习那些不必要的知识,从而专门去学习那些有益于我们幸福的知识。

卢梭在这一阶段也时刻关注自然的教育。对于孩子们强烈的好奇心和求知欲,卢梭认为需要我们去观察和区分出哪些求知欲出自自然,哪些出自偏见。比如,"有些求知欲的产生,完全是由于想使别人尊敬他为一个学者,而有些求知欲的产生,则是由于人对所有一切在目前或将来同他息息相关的事物有一种自然的好奇心"。② 后一种求知欲才是出自自然的求知欲,卢梭认为这是好奇心的第一本原,是自然而然在人心中产生的。对于孩子来说,大人必须保护和满足这一自然而发的求知欲,必须抛弃那些不适合孩子天然的兴趣的东西,从而把学习的范围限制在孩子的本能促使他们去寻求的知识中。

正因如此,卢梭认为,我们尤其要记住,不能由我们告诉孩子应

---

① 〔法〕卢梭:《爱弥儿》上卷,李平沤译,商务印书馆,2009,第107页。
② 〔法〕卢梭:《爱弥儿》上卷,李平沤译,商务印书馆,2009,第215~216页。

该学习什么,而是要看孩子自己希望学习什么和研究什么。我们只是设法让他了解那些东西,巧妙地使他产生学习的愿望,向他提供满足他愿望的办法。①

在第四阶段,爱弥儿进入了青春期。卢梭说,"我们可以说是诞生过两次,一次是为了存在,另一次是为了生活;一次是为了做人,另一次是为了做一个男子"。②到了青春期,孩子的身体、心理都在发育,性别被唤醒,开始从一个男孩成长为一个男子。在这一阶段,情感的教育成为必需和首要的问题。

随着爱弥儿从一个男孩成长为一个男子,情感和欲望也自然而然地开始出现。卢梭不否定欲念,认为我们的欲念是我们保持生存的主要工具,要想消灭它们,实在是一件既徒劳又可笑的行为,这就等于是要控制自然,要更改上帝的作品。欲望是自然发生的,所有想要阻止欲念发生的人和所有企图从根上铲除欲念的人,两者差不多是一样的愚蠢。③

在所有的欲念中,卢梭首先看重"自爱",也着重培养爱弥儿自爱的情感。卢梭认为,"我们的种种欲念的发源,所有一切欲念的本源,唯一随着人一起产生而且终生不离的根本欲念,就是自爱。自爱是原始的、内在的、先于其他一切欲念的欲念。从某种意义上说,一切其他的欲念只不过是它的演变"。④自爱是我们与生俱来的唯一的欲念,所有其他的欲念和情感都来自自爱。自爱始终是好的,始终是符合自然的秩序的,因而始终是一种自然的情感。卢梭认为,我们必须首先爱自己,要爱自己胜过爱其他一切的东西。

从爱自己这种情感中,必然会产生一种结果,即我们在爱自己的同时也会爱保持我们生存的人,爱那些和我们亲近的人,比如孩子首

---

① 〔法〕卢梭:《爱弥儿》上卷,李平沤译,商务印书馆,2009,第236页。
② 〔法〕卢梭:《爱弥儿》上卷,李平沤译,商务印书馆,2009,第286页。
③ 〔法〕卢梭:《爱弥儿》上卷,李平沤译,商务印书馆,2009,第288页。
④ 〔法〕卢梭:《爱弥儿》上卷,李平沤译,商务印书馆,2009,第289页。

先会爱他的保姆、陪伴他的老师，等等。由爱自己、爱自己亲近的人还会派生出爱自己周围的人、爱自己的同类。卢梭认为，正是在这个时候，孩子开始意识到他与旁人的关系。在自爱的同时，开始产生自私之心，开始同他人比较，开始产生偏执、妒忌等各种不好的情感。

卢梭认为，"自然的教育进行得晚，进行得慢，而人的教育则进行得过早。前一种教育，是让感官去唤醒想象；后一种教育，则是用想象去唤醒感官，它使得感官还没有成熟就开始活动"。① 传统的教育，常常拔苗助长，在孩子自然的情感还没有萌芽的时候，就已经将各种偏见、偏执、比较、虚荣、嫉妒等不好的东西塞进孩子的心里。而孩子自然的成长过程，也就是"自然的真正进程，其实是比较缓慢地逐渐前进的。血液一点一点地开始沸腾，心思一点一点地趋于细致，性情一点一点地慢慢形成"。② 经过这样的慢慢培养和教育的青春期的年轻人，他易于感受到的第一个感情，不是爱情而是友谊。他日益增长的想象力首先使他想到他有一些同类。所以说，如果秉承自然的教育进程，爱弥儿的懵懂天真的时期会比按照传统方式教育的孩子要延长很多，但是，更长时间处于蒙昧无知的阶段可以获得一个好处，那就是利用在懵懂时期自然发展起来的日益增长的感性给他的心中投下博爱的种子，让他在产生各种不好的情感之前，让他在人们按照传统教育和培养方式给他心里种下骄傲、自私、虚荣、妒忌等种子之前，首先产生怜悯之心，成为一个有恻隐之心的人、有良知的人。

卢梭认为，对于青春期的爱弥儿，就是要培养他成为一个有感情和有恻隐之心的人，促使他的心中产生善良、博爱、怜悯、仁慈以及所有一切自然而然使人感到喜悦的温柔动人的情感。为此，他归纳了三个原理：原理一，人在心中设身处地想到的，不是那些比我们更幸福的人，而只是那些比我们更可同情的人；原理二，在他人的痛苦中，

---

① 〔法〕卢梭:《爱弥儿》上卷，李平沤译，商务印书馆，2009，第293页。
② 〔法〕卢梭:《爱弥儿》上卷，李平沤译，商务印书馆，2009，第301页。

我们所同情的只是我们认为我们也难免要遭遇的那些痛苦;原理三,我们对他人痛苦的同情程度,不决定于痛苦的数量,而决定于我们为那个遭受痛苦的人所设想的感觉①。

第五个阶段是成年期。这个时期,爱弥儿遇到了他的心上人苏菲,并通过恋爱步入婚姻,成长为一个有道德、负责任的好丈夫。卢梭认为,在爱弥儿与苏菲步入婚姻之前,爱弥儿需要学会抛弃德性要求,抛弃所有东西,哪怕是他所爱的人。因为,真正的自由不是屈从于心情的波动起伏,而是遵从理性的约束生活。② 如前所述,相对于理性而言,卢梭始终更加推崇感性,推崇人的天然的情感。他在"论文一"中所奠定的一生的思想基调,就是反对启蒙哲学所推崇的理性和科学,宣扬感性和情感的重要性。但是,卢梭并非认为理性多么不重要,相反,当一个人真正成年,迈进社会,就需要用他的理性、理智进行识别和判断,理性是一个公民不可缺少的品质。这一观点在他后期的《社会契约论》等著作中表达得尤为明显。所以,为了让爱弥儿学会在遵从自然的天性的同时,也遵从理性而生活,学会理性地思考和判断,卢梭建议他暂时离开苏菲,用两年时间去四处旅行。在到各个国家旅行的过程中,爱弥儿学习和思考自己与他人之间的自然关系、道德关系、公民关系,研究政府的本质和不同的政府形态,了解不同的政治理念和政治生活,学习各种政治学思想,最终,从一个自然人自然地成长为一个契约社会的公民。

至此,卢梭的教育理念一以贯之,得到最终的成功。

三 文明社会中的自然人

通过浏览在爱弥儿人生的五个阶段中卢梭的教育思想,可以看出,

---

① 〔法〕卢梭:《爱弥儿》上卷,李平沤译,商务印书馆,2009,第306~309页。
② 〔美〕萨莉·肖尔茨:《卢梭》,李中泽、贾安伦译,清华大学出版社,2019,第101页。

卢梭教育爱弥儿的目标，就是将爱弥儿培养成既是一个遵从自然而成长的自然人，同时又是一个文明社会的理想的公民。卢梭曾在《爱弥儿》中明确地表明，他教育爱弥儿，不是只教给他知识，最重要的，是教育他成为一个人，更确切地说，是教育他成为一个自然人与公民的和谐的结合体，也即一个文明社会中的自然人。

成为一个文明社会中的自然人，也就是说，爱弥儿既要进入公民社会，履行一个公民应尽的责任和义务，同时，在其内心，依然是一个自然人，遵从自然的秩序而生长，拥有心灵的最自然的状态，拥有人类天然就具有的自由、善良、美好等一切好的情感，拥有良知和恻隐之心，并且，心灵始终保持敏感和善良，始终能够感受到一切美好的事物。他能够克服从自然状态进入文明社会后产生的道德的败坏和人格的分裂，他并不是被传统的教育方式培养出来的被各种欲念、虚荣等不好的东西挟裹的社会人，而是通过遵从自然的教育而培养起来的人格完整自足、拥有自然的情感和良知，同时又能够融入文明社会的真正的自由人。

因此，可以说，卢梭在《爱弥儿》中的最终努力，就是要在现代启蒙和现代文明的废墟上重建人的道德准则。消除人在自然与文明、自然人与公民、个体与社会、喜好与义务、身体与灵魂等方面的多重分裂，恢复人自身的统一性和完整性，并且最终把人塑造成真正"从心所欲不逾矩"的道德主体或理性"自由人"[①]，也即文明社会的自然人。

可见，这样一种文明社会的自然人，比起单纯的自然状态的人来说，最大的特点就是他是自由的，他不仅拥有自然的情感，也拥有理性和判断，可以自由地选择自己的生活。正如卢梭所说，当一个人既是自然人，又是理性的公民的时候，他就可以以良心去爱善，以理智

[①] 吴增定：《利维坦的道德困境：早期现代政治哲学的问题与脉络》，生活·读书·新知三联书店，2017，第321页。

去认识善，以自由去选择善。① 处于自然状态的人虽然内心可以自发地拥有怜悯之心和良知，但他并不具有理性地认识和判断良知、理性地认识善恶的能力，更不具有自由地选择善恶的能力。这是因为，卢梭认为，我们总是先有感觉，而后才有认识，我们的感觉力无可争辩地是先于我们的智力而发展的，而我们的好善厌恶之心、我们的良知，不是判断，而是感觉。它不是后天学来的，而是和自爱一样，天然具有的。所以，遵从自然的秩序而成长起来的自然人，他们可能拥有天然的怜悯之心和良知，拥有天生的善良，但只有步入文明社会，接受了理智的训练和培养的人，才能够进一步去认识善、爱善、判断和选择善恶。正是从这个意义上说，一个文明社会的自然人，比起单纯的自然人而言，他是更加自由的。这是两者之间最大的不同。

卢梭始终肯定人的自由，正如他在《社会契约论》中所说的那样，"人是生而自由的"，② 并且认为唯一合法的社会就是尊奉人的自由的社会。放弃自己的自由，就是放弃做人的资格，就是放弃人类的权利，甚至就是放弃自己的义务。而作为契约社会的公民，其最本质的特征，就是享有自由和平等的权利。"在所有一切的财富中，最为可贵的不是权威而是自由。真正自由的人，只想他能够得到的东西，只做他喜欢做的事情。"③

在《爱弥儿》第四卷的中间部分，有一篇"信仰自白——一个萨瓦省的牧师述"，卢梭在这里，尝试为人类所拥有的自由的合法性进行证明。尽管他认为人是生而自由的，但人为什么具有自由的权利？其自由的合法性在哪里？这也是等待卢梭去证明的难题。在这篇"信仰自白"中，卢梭试图解决这个难题。

自 1756 年起，卢梭的思想发生了很大的改变。他开始相信，

---

① 〔法〕卢梭：《爱弥儿》下卷，李平沤译，商务印书馆，2009，第 423 页。
② 〔法〕卢梭：《社会契约论》，何兆武译，商务印书馆，2009，第 4 页。
③ 〔法〕卢梭：《爱弥儿》上卷，李平沤译，商务印书馆，2009，第 80 页。

不管是在自然世界,还是在人类历史之中,都隐含着某种神意(providence)、秩序、目的或"上帝的设计"(Design of God)。①

卢梭反对十八世纪流行的机械决定论、偶然决定论,认为在自然以及人类的命运中,都隐含着一种神意和目的。对此,他借萨瓦牧师之口,提出了三个定理或信条。"没有哪一个真正的活动是没有意志的。这就是我的第一个原理。我相信,有一个意志在使宇宙运动,使自然具有生命。"②

卢梭认为,这个宇宙是运动着的,而且它井然有序、快慢均匀的运动是受固定不变的法则约束的,它没有我们在人和动物的自发的运动中所见到的那种自由。所以,这个世界并不是一个能自行运动的巨大的动物,由此可见,在它的运动中必然有我们尚未发现的某种外在的原因。而且,卢梭认为,运动的第一原因不存在于物质内部,物质接受运动和传送运动,然而并不产生运动,因此,我们越是对自然力的作用和反作用的互相影响进行观察,我们越是会认为,我们必须一个结果接着一个结果地追溯到某种意志中去寻找这个第一原因。③ 正因如此,宇宙运动的第一动因,只能从某种意志中去寻找,万物具有意志,自然具有生命。

如果运动着的物质给我表明存在着一种意志,那么,按一定法则而运动的物质就表明存在着一种智慧。这是我的第二个信条。④

"尽管我不知道这个世界的目的,我也能判断它的秩序,而且,我

---

① 吴增定:《利维坦的道德困境:早期现代政治哲学的问题与脉络》,生活·读书·新知三联书店,2017,第336页。
② 〔法〕卢梭:《爱弥儿》下卷,李平沤译,商务印书馆,2009,第389页。
③ 〔法〕卢梭:《爱弥儿》下卷,李平沤译,商务印书馆,2009,第388~389页。
④ 〔法〕卢梭:《爱弥儿》下卷,李平沤译,商务印书馆,2009,第391页。

还能看到这种显然存在的宇宙秩序表达了至高的智慧。就像我第一次看见打开了表壳的表一样，虽然不懂得机器的用途，也没有看见表面，但我仍然在那里不断地赞美它构造的精致。虽然不明白它有什么用处，但是我发现每一个零件都做得恰恰配合另一个零件。我深深地相信，所有这些齿轮之所以这样协同一致地转动，是为了一个共同的目的，只不过这个目的我无法看出来罢了。"① 所以，卢梭认为，世界是由一个有力量有智慧的意志统治着的，这个有思想有力量的存在、这个能自行活动的存在、这个推动宇宙和安排万物的存在，卢梭称之为"上帝"②。

宇宙万物运动的第一动因、支配自然运动的最终意志和第一智慧，就是上帝。而且，在上帝所治理的自然万物的秩序中，人无可争辩地占据着第一位的位置。卢梭认为，人能够观察和认识一切生物和它们的关系，能意识什么是秩序、美和道德，能思索这个宇宙和摸着那统治这个宇宙的手，能喜爱善良和做善良的行为，因此，还有什么理由不认为人是地球的主宰呢？事实上，卢梭认为除了上帝之外，再没有比人类更高级的存在了。

人是除了上帝之外最高级的存在，就在于人具有意志和自由。正是因为人有自由意志，所以，虽然人遵从自然本性而成长，但在进入文明社会之后，依然会被各种罪恶和虚荣的东西所腐化，依然会陷入道德败坏的深渊中。卢梭说，"我在人的天性中发现了两个截然不同的本原，其中一个本原促使人去研究永恒的真理，去爱正义和美德，进入智者怡然沉思的知识的领域；而另一个本原则使人固步自封，受自己的感官的奴役，受欲念的奴役；而欲念是感官的指使者，正是由于它们才妨碍着他接受第一个本原对他的种种启示"。③ 在这两种本原的较量和撕扯中，我发现，我有意志，却又可以不行使我的意志，不让我的意志战胜我的欲念；我觉得我受到奴役，同时又觉得我很自由；

---

① 〔法〕卢梭：《爱弥儿》下卷，李平沤译，商务印书馆，2009，第392页。
② 〔法〕卢梭：《爱弥儿》下卷，李平沤译，商务印书馆，2009，第395页。
③ 〔法〕卢梭：《爱弥儿》下卷，李平沤译，商务印书馆，2009，第397页。

我知道什么是善，也喜欢善，但同时我又在做恶事；我既能够听从理智而积极有为，又能够屈服于欲念而碌碌无为；而且，当我臣服的时候，我最感到痛苦的是，我明知道我有抵抗的能力，但我又没有抵抗。

因此，人在他的行动中是自由的，而且在自由行动中是受到一种无形的实体的刺激的，这是我的第三个信条。①

既然人是主动的和自由的，那么，他就能够按照他自己的意愿行事；他一切自由的行为都不能算作上帝的安排，不能由上帝为他担负责任。人既是上帝统治下的自然万物中的一员，服从自然的法则和秩序，同时，他又是最高级的那一个，拥有自由意志，因而具有一些超越自然万物的东西。也正因为人有自由意志，所以他根据自由意志做出的选择，就不能让任何他人乃至上帝来为他负责，他只能自己为自己负责。

若遵从自然的秩序，遵从自然的天性而成长，这样的自然人会拥有天然的自爱和怜悯之心，拥有天然的良知。但是，他只是生而具有良知，却不能认识良知，不能做出善恶对错的判断和选择。显然，这样的自然人并不是卢梭最终肯定的符合公民社会的人。而一个文明社会的人，他具有智慧和理性，也拥有意志自由，却有可能迷失在现代文明的种种虚幻之中，知道善恶却不选择善。所以，卢梭希望教育可以将人培养成文明社会中的自然人，这样教育出来的人，他们可以既拥有现代文明的智慧和理性，也仍然拥有天然的良知，从而能够在现代文明的种种诱惑和腐蚀中，依然爱善、选择善、从善如流。

在卢梭心中，不管现代文明如何发达，理性和科学如何繁荣，良知始终是最值得追求的东西。人因有良知而区别于万物，甚至因有良知而通达神祇。在他看来，良知是神圣的本能，是永不消逝的天国的

---

① 〔法〕卢梭：《爱弥儿》下卷，李平沤译，商务印书馆，2009，第401页。

声音。是良知妥妥当当地引导一个虽然蒙昧无知然而又聪明和自由的人；是良知在不差不错地判断善恶，使人形同上帝；是良知使人的天性善良和行为合乎道德。没有良知，人就感觉不到自己身上有优于禽兽的地方；没有良知，人就只能可悲地做出一桩又一桩的错事。[1]

从"论文一"批评理性与科学给社会和道德带来败坏和堕落开始，卢梭一直都在向人们宣扬人类自然萌发的情感——自爱、良知、怜悯之心等的重要性。良知作为神圣的本能，让人可以超越自然万物而通达上帝。而教育的目的，就是让一个人始终按照自然的本性去天然地成长，遵从内心的良知，不被现代文明的各种分裂、败坏和堕落所腐化，最终成长为一个文明社会中的自然人。

---

[1] 〔法〕卢梭：《爱弥儿》下卷，李平沤译，商务印书馆，2009，第417页。

再谈朱光潜《文艺心理学》中的"直觉与联想"问题

方　圆[*]

摘　要：朱光潜《文艺心理学》中对"直觉与联想"问题的论证，对于当代美感经验的研究而言，依旧具有深刻的理论价值。接下来，本文将以逐层推进的路径来对其进行分析：首先，将厘清朱光潜对美感经验中的"直觉与联想"问题的论证步骤。对于朱光潜把联想问题关联到康德的"纯粹美"与"依赖美"这一问题进行深入解释，并指出他的进步之处。其次，将指出朱光潜对直觉的理解所基于的认识论模式，重新阐述他著名的"对一棵古松的三种态度"这一观点，且借用胡塞尔的先验现象学以及维特根斯坦的视看观对其进行分析。最后，将对朱光潜基于传统时间观之上的联想观念加以阐明，并且运用威廉·詹姆斯及胡塞尔的理论对其重构，以明确在美感经验中，直觉与联想是不可分割的。而实际上，就朱光潜对这一问题的分析，本文最终的意旨则是在他的基础上，把对美感经验本身的理解向前推进。

---

[*] 方圆，哲学博士，北京市社会科学院哲学研究所助理研究员，主要研究方向为认知哲学。

关键词：直觉　联想　朱光潜　美感经验

在《文艺心理学》中，朱光潜为了解决美感经验的问题，涉及了"直觉"与"联想"，朱光潜在调和的过程中，恰好呈现一些问题，为我们对美感的更深入理解，起到了推进作用。在最近的朱光潜研究中，国内学界一直把朱光潜的"直觉与联想"问题视为一对矛盾，认为这是他理论上的重大缺陷。让我们印象最深的是，评论者们并不是从朱光潜理论自身出发的，而是一味地用胡塞尔现象学来衡量朱光潜的理论，从而忽略了朱光潜理论框架是建立在传统时间观和认识论之上的。于是，在涉及具体层面以及问题的细部时，这些讨论就显得有些薄弱。

在朱光潜的时代，一方面，他接收了当时西方流行的美学观念；另一方面，他自身通过审美经验和文艺鉴赏的经验，也对美感问题有自己的理解和思索。由于这一点，我们必须搞清朱光潜自己对直觉和联想问题研究的细节和特点，当我们在运用其他理论论述问题时，解决的也是朱光潜理论中的"直觉与联想"这一美学问题，只是把胡塞尔等人的观点作为论述朱光潜理论特点的维度，而不是在复述胡塞尔现象学。并且，我们也不能忽视朱光潜对这一问题思索的进步之处，也就是说，他并不是一味接受康德、克罗齐等人的理论，而是有所反思的。当我们在运用其他理论解释朱光潜的"直觉与联想"问题时，只是进行了一种论述性的重构。朱光潜前后论述上的矛盾，与他文本的丰富性也是相关的，所以想要更加深入地理解这一问题，一些基本的论证性分析，也是必不可少的。在此，我们所论证的范围，主要涉及朱光潜《文艺心理学》中的三个章节，即"美感经验分析（一）形象的直觉"、"美感与联想"与"什么叫做美"三个章节。

由于篇幅的限制，在这篇论文中，我们主要是循着逐层递进的路径来解释朱光潜的理论，并且试图解决他所面临的直觉和联想之间的关联问题。而实际上，通过对这一问题的分析，我们最终的意旨则是在朱光潜的基础上，把对美感本身的理解向前推进。第一，我们将展

再谈朱光潜《文艺心理学》中的"直觉与联想"问题

示朱光潜在《文艺心理学》一书中对美感经验中的直觉和联想问题所做出的基本论述。第二,在朱光潜把联想问题关联到康德的"纯粹美"与"依赖美"之上时,他指出"美感是否有关联想的问题与形式和内容的问题密切相关"。① 我们要对这一问题加以解释,并指出他的进步之处。第三,我们将指出朱光潜对直觉的理解所基于的认识论模式,指出朱光潜著名的"对一棵古松的三种态度"所面临的理论难题,并借用胡塞尔的先验现象学以及维特根斯坦的视看观对其进行分析。第四,我们将对朱光潜基于传统时间观之上的联想观念加以阐明,并且运用威廉·詹姆斯及胡塞尔的理论对其加以进一步论证和解决。第五,我们将对上述问题加以总结,以明确在美感经验中,直觉与联想是不可分割的。可以说,这不但是对朱光潜"美感与联想"问题的解决,更是对审美经验在解释上的推进。

一

首先,我们来看看朱光潜的论证步骤。在《文艺心理学》中,朱光潜对美感做出了很明确的规定,他指出"美感经验就是形象的直觉"②,并且更进一步称,"严格地说,直觉除形象之外别无所见,形象除直觉之外也别无其他心理活动可见出"。③ 这样,他就把除了直觉的一切心理活动排除在了美感经验之外,当然也包括联想在内。

对于联想而言,朱光潜把联想看作知觉的基础,他认为知觉是"由形象而引起意义的知"。所以,一旦有了联想的作用,所见的就不再是纯粹的形象,而在形象之外又引起了意义。然而这个意义并不属于审美经验本身。由此,他就把联想排除在了美感经验之外。

那么在朱光潜看来,联想与审美经验之间的关联是什么呢?在谈

---

① 朱光潜:《文艺心理学》,复旦大学出版社,2006,第79页。
② 朱光潜:《文艺心理学》,复旦大学出版社,2006,第10页。
③ 朱光潜:《文艺心理学》,复旦大学出版社,2006,第11页。

到联想问题时,朱光潜又称"联想对于艺术的重要实在不能一概抹煞,因为直觉和想象都以联想为基础,无论是创造或是欣赏,直觉和想象都必须活动,尤其在诗的方面"。① 这样,他就肯定了联想在美感经验中的重要作用。他又说"(正如)了解是欣赏的必有预备,但不就是欣赏。联想也是如此。所以联想有助美感,与美感为形象的直觉两说并不冲突"。②

但他认为联想与美感经验之间的关联是间接的。在审美经验本身,并没有联想这个心理状态,而是精神必须集中于孤立的意象之上。但是在这个意象产生之前,则要运用到联想。于是他说"联想虽不能与美感经验同时并存,但是可以来在美感经验之前,使美感经验愈加充实"。由此看来,他认为联想是在心理活动的时间上先于或后于美感经验发生的。

在此,朱光潜又区分了两种联想,即有助于美感经验的联想,以及与美感经验无关的联想。他借用布洛的说法,称之为"融化的联想"与"不融化的联想"。"'融化的联想'就是上文所说的'想象',可助美感;'不融化的联想'就是幻想,与美感无关。"③

那么,综上所述,我们可以看到朱光潜在《文艺心理学》中是这样来分析美感经验中的"直觉与联想"问题的。首先,美感经验本身只关涉直觉,与联想无关。其次,联想虽然不属于美感经验,但它是有助于美感经验发生的。联想与美感经验并不同时发生,联想发生在美感经验之前或之后,即它们在时间上有先后次序。最后,有一些联想活动能有助于美感经验,另一些联想活动无助于美感经验。所以,朱光潜就从时间的先后上,区分了联想活动与美感经验的发生。在我们现在看来,联想活动如何在时间上先于或后于美感经验,这仿佛是不符合审美经验本身的。有评论者认为,朱光潜虽然意识到了矛盾,

---

① 朱光潜:《文艺心理学》,复旦大学出版社,2006,第82页。
② 朱光潜:《文艺心理学》,复旦大学出版社,2006,第86页。
③ 朱光潜:《文艺心理学》,复旦大学出版社,2006,第87页。

却在掩盖矛盾,从他的理论问题上升到了批判在学术上态度不严谨。

但我们现在看来,在朱光潜的理论中,对于"直觉与联想"的观念并不存在某些评论者所称的那样的学术态度问题。朱光潜的论述是建立在传统时间观和传统认识论之上的。在这种模式之下,就是无法内在地打通直觉和联想的问题,而只是把它们静态地置于时间的先后关系之上。因而可以说,朱光潜所面临的直觉和联想之间关联的问题,其实是传统认识论模式下所固有的问题。

二

不容忽视的是,在"直觉与联想"的问题上,朱光潜对康德"纯粹美"和"依附美"的问题,进行了更加细致的思索。他认为"美感是否有关联想的问题与形式和内容的问题密切相关"。[①] 按照康德的观点,"纯粹美"乃是纯形式的美,而"依附美"则是一种从形式之外,迁移到意义上去了的那种美。

朱光潜在论证联想问题时,提到"康德是偏重形式而忽视内容的"。[②] 康德美学确有这样只注重形式美的特点。由于篇幅所限,我们在这里对康德的论证不能充分展开,只能做简要阐述。康德之前的经验派美学代表休谟和博克,对审美判断做出了心灵化的分析,认为美感就是一种愉悦的心理状态。康德所做的工作,是寻找感性愉悦背后的内心认识能力基础。也就是说,愉悦从何而来,康德的研究不只停留在表面现象上,而是去追究愉悦感背后的根基。康德把这种关系内在化为认识能力,愉悦来自知性和想象力这两种认识能力之间的协调。协调之后,就会产生愉悦感。产生愉悦的状态,就是审美判断自身的目的。这是一种没有外在利害的目的,故而是无利害的。康德所言的

---

① 朱光潜:《文艺心理学》,复旦大学出版社,2006,第79页。
② 朱光潜:《文艺心理学》,复旦大学出版社,2006,第79页。

利害（Interest）实际上是一种"与对象实存的表象相结合的那种愉悦（satisfaction）"，① 或者说，是一种"实存的愉悦"。② 它的发生层次是这样的，在对象的刺激下，产生愉悦感即产生了美感。这种愉悦感（即美感）背后是认识能力之间的协调在起作用。

由此可以区分两个层次，当说一个对象是美的，把对象和美联系起来时，从逻辑上来说，这是认识能力的和谐在先的，然后在内感官中产生了愉悦感，才把对象规定为美。愉悦是美的根据，③ 而形式美恰是这种从纯形式中就能见出的美，只和人的先天认识能力有关，所以对于康德来说，是纯粹的。

康德在《判断力批判》"美的分析论"第三契机中的第16小节里，专门谈到"纯粹美"和"依附美"的问题。他认为"纯粹美"是一种单纯形式，在对象被给予主体时，不经过任何概念，而是由主体而表现出来的形式。这种感性形式只涉及表象和主体之间的联系，说明了"认识主体不涉及对象实存的单纯表象能力"④。而一旦涉及了对象实存，就会有利害掺杂其间，就不再是纯粹的美。康德特别举出了自身没有含义的线描作为案例，认为"它们不表现什么，不表示任何确定概念之下的客体"⑤，故而是"自由美"。

朱光潜在某种程度上采纳了康德的这一观点，比如在谈到梅花的审美时，他说"实际上我们对于梅花太熟了，知道它和其他事物的关系太多了，一看见它就不免引起许多关于它的联想，就想到它的实质、特征、效用等等……对于一件事物所知的愈多，愈不易专注在它的形象本身，愈难直觉它，愈难引起真正纯粹的美感"。⑥ 这实际上是按照康德"形式美"和"依附美"的观点来说的。

---

① 〔德〕康德：《判断力批判》，邓晓芒译，人民出版社，2002，第38页。
② 〔德〕康德：《判断力批判》，邓晓芒译，人民出版社，2002，第138页。
③ 产生美感，从时间上而言，是愉悦在先的；但就认识能力上而言，是逻辑在先的。
④ 宫睿：《康德的想象力理论》，中国政法大学出版社，2012，第130页。
⑤ 〔德〕康德：《判断力批判》，邓晓芒译，人民出版社，2002，第65页。
⑥ 朱光潜：《文艺心理学》，复旦大学出版社，2006，第6页。

然而，朱光潜对康德"纯粹美"的采纳并不是无凭据的，这与他对美感经验的整体理解有关。让我们再来看看朱光潜对直觉问题的论证。在《文艺心理学》第一章中，朱光潜首先区分了三种最基本的"知"。他指出，"最简单原始的'知'是直觉（intuition），其次是知觉（perception），最后是概念（conception）"。[①] 直觉是"见形象而不见意义的知"；知觉是"由形象而引起意义的知"；概念是离开了个别形象，而抽象到意义的知。他又举出了具体例子，在这些具体例子中，我们可以更好地理解他对"知"这个问题的区分。他指出，"直觉"就是小孩子在出生第一眼，也就是还没有认知能力之前，看到的桌子这个物体的形象，这只是一个混沌的形象，而并不能引起任何的联想。"知觉"就是当这个小孩看到父亲在桌子上写字，而后看到桌子，就想起父亲，这是由形象之间意义关联造成的。而"概念"则是从对单一的桌子的认识，上升到对普遍的桌子的认识。

在此处，朱光潜又引用了克罗齐的观点，克罗齐把知识分为两种，"直觉的"（intuitive）和"明理的"（logical），他说"直觉的知识是对个别事物的知识，明理的知识是对于诸个别事物关系的知识。一切明理的知识都可以归纳到 A 为 B 的公式"。[②]

由此，我们再来看朱光潜对康德"纯粹美"和"依附美"的分析。显然只有"直觉的"，才是不诉诸概念与利害的、对对象的把握方式。而到了"知觉"层面，也就是克罗齐所说的"明理的"层面，在 A 为 B 的公式中，就涉及了目的的概念，也就是康德所说的"要杂多为了这个目的而服务于给予的客体并要它对客体有所表现，借此只会使观赏该形象时仿佛在做游戏的那个想象力的自由受到限制"。[③] 故而不再是纯粹的。朱光潜"美感经验就是形象的直觉"的观念与康德是一致的，所以无法加诸任何联想活动在其间。

[①] 朱光潜：《文艺心理学》，复旦大学出版社，2006，第 2 页。
[②] 朱光潜：《文艺心理学》，复旦大学出版社，2006，第 3~4 页。
[③] 〔德〕康德：《判断力批判》，邓晓芒译，人民出版社，2002，第 66 页。

康德的"纯粹美"虽从思辨上来看，达到了某种程度的自足，却并不能符合实际的审美经验。一方面，川端康成在《花未眠》中谈论审美真实经验的段落就能很好地说明这点，"去年岁暮，我在京都观察晚霞，就觉得它同长次郎使用的红色一模一样。我以前曾看见过长次郎制造的称之为夕暮的名茶碗。这只茶碗的黄色带红釉子，的确是日本黄昏的天色，它渗透到我的心中。我是在京都仰望真正的天空才想起茶碗来的。观赏这只茶碗的时候，我不由地浮现出坂本繁二郎的画来。那是一幅小画。画的是在荒原寂寞村庄的黄昏天空上，泛起破碎而蓬乱的十字形云彩。这的确是日本黄昏的天色，它渗入我的心。坂本繁二郎画的霞彩，同长次郎制造的茶碗的颜色，都是日本色彩。在日暮时分的京都，我也想起了这幅画。于是，繁二郎的画、长次郎的茶碗和真正黄昏的天空，三者在我心中相互呼应，显得更美了"。① 可以说，这样的体验并不符合康德"纯粹美"的内涵，但不容否认，这确实是真实的审美经验。用康德的美学观点，是无法解释这种审美现象的。另一方面，一些脱离形式美的审美现象，比如说，对于"丑"的审美也无从解释。欧米哀尔的雕塑不符合形式美，但是它同样能唤起美感。对这种类型的美的欣赏，必须要有知觉和联想活动的作用才能发生。

不得不指出的是，朱光潜已经看到了这些问题，他不再满足于康德纯思辨的理论自身的自足，而是考虑到实际美感发生的经验，即一种实证的层面。他在理论思辨之外，同样要求实际审美经验中的明证。我们在他书中的这些论述里，可以看到如此的含义，他提到"美感经验就是形象的直觉。这里所谓'形象'并非先天自在一成不变的，在那里让我们用直觉去领会它，像一块石头在地上，让人一伸手即拾起似的。它是观赏者的性格和情趣的返照。观赏者的性格和情趣随人随

---

① 〔日〕川端康成：《花未眠》，叶渭渠译，广西师范大学出版社，2002。

时地不同，直觉所得的形象也因而千变万化"。① 在这里，朱光潜所说的"形象"有不同于康德之处，我们可以看到朱光潜同样顾及了实际审美经验的发生，是对康德的理论的某种反思和超越。

三

在《文艺心理学》中，有一句重要的话，体现出了朱光潜的调和态度。他说"这三种知的发展过程，直觉先于知觉，知觉先于概念。"② 这句话有这样一种意味，也就是说直觉是认识的最初级阶段，然后从直觉上升到知觉，最后才到达概念，呈现出一种梯度渐进的模式。可以说，这是传统思辨下，对认识能力层级之间的划分模式。而后，他又说"但是在实际经验中它们常不易分开"。究竟在实际经验中，三种认识能力是如何同步发生的，这里就出现了一处解释上的疏漏。

在朱光潜《谈美》一书所举出的对一棵古松的三种态度中，更加明显地体现他的这一思路。③ 朱光潜对一棵古松的三种态度的分析，提到了艺术家的审美直觉、药材商的利益考虑和植物学家的概念研究。如果用于朱光潜先前对"直觉""知觉""概念"的定义来分析，当我们看出一个东西的形象（即一棵树的影像），而还不知道它叫"古松"的时候，运用的是"直觉"能力。当我们把这一形象与其他事物进行关联时，运用的是"知觉"能力。当我们用一般古松的概念去衡量之，判定它是一棵古松的时候，运用的是概念能力。其中，艺术家在审美中只运用了直觉能力，运用概念能力判定出这是一棵树与否，与审美本身并无关切。而药材商和植物学家的状态是如何的呢？他们则需要先用直觉能力观察出树的形象，而后运用概念能力判定出这是一棵树，再运用知觉能力把此树与其他事物相关联。于是，在审美中运用到的

---

① 朱光潜：《文艺心理学》，复旦大学出版社，2006，第10页。
② 朱光潜：《文艺心理学》，复旦大学出版社，2006，第2页。
③ 参见朱光潜《谈美》，广西师范大学出版社，2006，第1页。

直觉能力与在其他认识方式中运用的能力是不同的，朱光潜本人也看到了这一点。

　　后来，他在《文艺心理学》中，又举出了一个梅花的例子，他说"一棵梅花，可以引起三种不同的态度"。这与他在《谈美》里所说的的对于古松的三种态度是一致的，只不过在此处，他把古松换成了梅花。他说，对于一棵梅花可以采取科学的态度，也可以采取实用的态度，还有第三种态度，则是看出梅花本来的形象。他说"你当然还可以看见叫作'梅花'的那么一种东西在那里，这就是说，你还可以看见梅花本来的形象"。① 那么，我们可以看到，朱光潜已经很清楚地把审美中所运用的认识方式与其他认识方式区分开了。但是他所举的例子，又无法很清楚表达这个问题。

　　原因在于，这种思辨方式与实际审美经验产生了不可调和的困境，在谈论审美经验时，是在主客二分的模式下进行的。在这种纯思辨的模式中，无法把三种认识能力融贯起来，而是有发生上的层次，就会对实际审美经验造成一种解释上的断裂。这样的问题，也发生在朱光潜的《文艺心理学》中，他在书中说，"形象是直觉的对象，属于物；直觉是心知物的活动，属于我"。②我们可以看到，朱光潜在解释直觉时，是在连接式的心物关系中发生的。他又称"在美感经验中心所以接物者只是直觉，物所以呈现于心者只是形象。心知物的活动除直觉外，我们前面已经说过，还有知觉和概念"。③ 这样就把直觉活动与知觉和概念能力分裂开了。也就是说，心物关系变为三种，一种是直觉式的，另外两种是知觉和概念的方式。那么这三种心物间的关系是如何协调一致的又如何同时发生的，问题就会变得难以解释。

　　如果我们不把这些认识方式设定在心物二元之间，而是都转化到主体内部来讨论的话，问题似乎会变得有些清晰。在此，我们可以参

---

① 朱光潜：《文艺心理学》，复旦大学出版社，2006，第6页。
② 朱光潜：《文艺心理学》，复旦大学出版社，2006，第5页。
③ 朱光潜：《文艺心理学》，复旦大学出版社，2006，第5页。

考胡塞尔《纯粹现象学通论》中的第 111 节"中性变样和想象"① 一处例子来分析这一问题,在这个章节中,胡塞尔分析了丢勒铜版画《骑士、死神和魔鬼》。他认为,在观察这幅图画时,我们在此首先区分出正常的知觉,它的相关项是"铜版画"物品,即框架中的这幅画。其次,我们区分出这一知觉意识,在其中对我们呈现着用黑色线条表现的无色的图像:"马上骑士"、"死亡"和"魔鬼"。我们并不在审美观察中把它们作为对象加以注视,我们注意到的是一些现实中的人物等。我们以纯审美的方式观照它,就会对它的存在置之不顾。比如说,我们会不管"骑士"是不是骑士,是什么都无所谓,而只是觉得这个形象很美。

这样的区分在于,在同一质料基础上,使质料成为表象,对它的存在置而不闻。第一步是形象的形成,比如说你看出这么一个东西。其次就开始分际,如果用概念的方式去把握,那就是"他是骑士";如果以审美的方式去把握,那就是不问它是什么,是骑士还是什么都不重要,它的形象就是吸引人的。

用这个例子来分析朱光潜的理论,就能看到,对于朱光潜所言的直觉层面来说,直觉就是胡塞尔所说的在铜版画中看出了"用黑色线条表现的无色的图像"这个步骤,而当我们识别出它是"骑士"时就运用了概念能力,当我们把图上骑士的形象与现实中作为活人的骑士进行关联时,就运用了知觉能力。所以,直觉是先于概念和知觉能力,而在主体中被优先给予我们的。也就是说"物的形象"是优先被寄予的。对于朱光潜所举出的古松来说,当(古松)这个树的形象被寄予我们时,我们在判定它是树,或是古松,抑或是在把这个形象与其他事物进行关联之前,所进行的对形象本身的观照就是审美。如果说,直觉这个层面,是在主体受到外物刺激,即主客之间发生的话,那么概念能力和知觉能力,则是在直觉之后才在主体内部发生的。所以,

---

① 〔德〕胡塞尔:《纯粹现象学通论》,李幼蒸译,商务印书馆,1992,第 310 页。

如朱光潜所说的"形象是直觉的对象，属于物；直觉是心知物的活动，属于我"。① 形象既然是在直觉能力的运用下形成的，那么形象也应当已经"属于我"，而不是"属于物"了。所以，如果朱光潜从心物关系、主客关系中挣脱出来的话，或者当我们忽略掉他论证中的心物二元论这个层面的话，就能看出他理论中，对于实际审美经验解释的诸多可取之处。他的理论其实与胡塞尔现象学并非完全相悖，而是具有一定的相通之处。

但如果像这样，只把审美经验看作事物原初给予我们意识的直觉的话，在对于审美经验的解释上，就会有很大片面性。朱光潜也看到了这点。他说"美不仅在物，亦不仅在心，它在心与物的关系上面，在物为刺激，在心为感受；它是心借物的形象来表现情趣……在美感经验中，我们须见到一个意象或形象，这种'见'就是直觉或创造；所见到的意象须恰好传出一种特殊的情趣，这种'传'就是表现或象征；见出意象恰好表现情趣，就是审美或欣赏"。② 由此看来，朱光潜并不赞同康德的观点，认为在"直觉"这种能力中，形成的形象是固定的。也就是说，依照朱光潜的这一观点来看上文所举出的丢勒的铜版画中的"用黑色线条表现的无色的图像"，当我们形成这个视觉形象时，每个人的所见就已经是有差别的了，就已经加入了主体的独特性。

在此，我们也可以借用维特根斯坦在《哲学研究》中的分析，来尝试说明这个问题。在解释"看作"这个词的用法时，维特根斯坦说"通过一种解释对直接经验所进行的描述，即对视觉经验的描述，乃是间接的描述"。③ 接下来，维特根斯坦又分析了雅斯特罗的兔鸭图，他认为回答"这是兔子"或"这是鸭子"时，是一种对知觉的报告，但此时已经付诸了判断，这不同于说"现在我看到了这个"。④ 维特根斯

---

① 〔德〕胡塞尔：《纯粹现象学通论》，李幼蒸译，商务印书馆，1992，第5页。
② 朱光潜：《文艺心理学》，复旦大学出版社，2005，第141页。
③ 〔奥〕维特根斯坦：《哲学研究》，李步楼译，商务印书馆，1996，第295页。
④ 〔奥〕维特根斯坦：《哲学研究》，李步楼译，商务印书馆，1996，第298页。

坦虽然在此解释的是"看到"一词的用法，但他揭示出了在知觉中概念能力发挥作用的方式。"我们在视觉经验中作出了一种区分，识别出了看见之物中的一个差异（把视觉对象看作兔或者鸭的差异）——而同时又承认，在另一种意义上这一对象并未改变。"① 兔还是鸭，这两种视觉经验的改变，并非源自对象最原初被寄予我们的方式，而是源自主体将在我们视觉中呈现的同样内容，放在了不同的主体自身的构造模式下去观照。于是，维特根斯坦认为，我们理解这两种视觉经验间的区分的方式上所体现出的这种差异，揭示出"看"和"看作"乃是两个虽相关却不同的概念，"'看作……'不是知觉的一部分。因此之故，它既像'看'又不像'看'"。② 这促使我们意识到在视觉经验中，"被看见之物"在被看见的同时，就已经与主体的反应方式之间存在内在的关联了，这种关联具有直接性和同时性的特点。

综合上文的论述反观，我们则可以看出，朱光潜后来的观点已经超出了"美感经验就是形象的直觉"这个他起初对美感的定义。在《文艺心理学》第十章"什么叫做美"对康德的分析中，也并不与此书"美感经验分析（一）形象的直觉""美感与联想"这前两个章节中的观点保持着一致。在这个章节中，他称"在美感经验中，我们须见到一个意象或形象，这种'见'就是直觉或创造"。③ 于是，在"直觉"之外，他又加入了"创造"这个观点。在朱光潜后来的论述中，他又引入了"物乙"这个概念，并且指出"物甲是自然物，物乙是自然物的客观条件加上人的主观条件的影响产生的，所以已经不纯是自然物，而是夹杂着人的主观成分的物"。④ "美感经验包含着创造"与此前所说的"美感经验就是形象的直觉"已经有所不同了。

---

① 〔英〕M. 麦金：《维特根斯坦与〈哲学研究〉》，李国山译，广西师范大学出版社，2007，第225页。
② 〔奥〕维特根斯坦：《哲学研究》，李步楼译，商务印书馆，1996，第300页。
③ 朱光潜：《文艺心理学》，复旦大学出版社，2005，第141页。
④ 朱光潜：《朱光潜全集》第5卷《美学怎样才能既是唯物的又是辩证的——评蔡仪同志的美学观点》，安徽教育出版社，1996，第43页。

综上所述，我们可以说，朱光潜在后来的理论中，已经看到在直觉之中所包含着的基于个体差异的创造层面的东西。而如何把意义层融合到直觉里去，如果我们顺着他的思路推进下去，就很容易找到这个把直觉和联想内在地联系起来的契机，而不再把直觉与联想置于不同的层面上，把联想排除到直觉之外。也就是说，如果在审美的直觉活动之中，没有联想夹杂其中发生作用的话，就无法把朱光潜所说的"创造"融贯进去。这里面暗含着只有把联想融入直觉之中，使二者同时发生，才能有效地解释实际中的审美经验。

四

上述我们已经论述过，朱光潜并不认为联想能与直觉同时发生。他为什么会出此论断呢？那么，让我们来看看朱光潜是如何谈论审美中联想的作用的。

在《文艺心理学》中，朱光潜认为"凡是两个观念联在一起时，都用联想"。① 他按照霍布斯的观点，把思想分为"有意旨的"和"联想的"两种。"联想的思想"指的是前后偶然的、无主旨的思想。"有意旨的思想"指的是由一事物到另一事物，有主旨贯穿的思想。由此，我们可以看到，朱光潜对联想活动的观念，是建立在这种传统的时间模式之上的。他之所以认为直觉和联想不能同时发生，乃是由于美感经验发生的当下，是物甲到物乙，是心物之间的关系。而联想活动，这是当下的点 A 与过去时间上的点 B，是主观意识内部发生的。二者不处于同一维度，于是无法融合起来。这实际上是经验主义者的观念。

正如威廉·詹姆斯在《心理学原理》中指出的那样，经验主义者认为，我们对外部事物的经验作为一个个观念进入意识，意识再通过联想等方式将其联结。可以描述为列车车厢中间由铁链拉着，即靠联

---

① 朱光潜：《文艺心理学》，复旦大学出版社，2005，第 75 页。

想联系起来的一个个现在、过去和未来。于是，这样我们就可以很清楚地看到朱光潜为什么要把直觉和联想划分到两个层面来谈，并且认为二者无法同时发生。在传统的经验论观念下，会认为先通过直觉的作用，形成一个现在，再通过联想的作用，把这个现在与意识中的过去进行联结。

由此看来，基于这种时间观念的话，朱光潜的理论自身并不存在所谓的理论上的妥协，他在直觉和联想的问题上，也更不是像某些论者所称的那样，是学术态度不严谨所致。这是传统时间观之下所固有的问题。

威廉·詹姆斯在他的书中指出了传统时间观所存有的问题，他认为"意识并没有向自身显现为被砍碎了的碎块。像'链条'或者'序列'这样的词语，并没有恰当地将它最初呈现给它自己时的样子描述出来。它不是连接起来的东西，它流动着。通过'河'或者'流'这样的比喻，它被最自然地描述了出来"。[①] 受到威廉·詹姆斯这种观点的影响，胡塞尔在《内时间意识现象学》[②] 中提出了他的时间观念，胡塞尔的时间理论认为过去的滞留、对未来的前摄、当下的原印象共同构成"现在"时刻。也就是说，胡塞尔在发生现象学中把意识看作一道流，在源头是一个知觉的原印象，滞留和再回忆两种方式可以把随着时间逐渐消弱的原印象重新唤回当下。审美经验也是这样一种交织，是一个被连接起来的过去、当下和未来的交织。由此我们可以看到，只有把美感经验也转移到意识内部发生，联想活动也在主体内部发生，二者才能达到同时和一致。

在这样的时间观念下，可以说，在审美中直觉与联想是同时发生的，只是我们谈论问题时，要把它们拆分为两个层次。也就是说，在当下的"物的形象"形成的同时，直觉中也已经包含进联想的作用了，

---

① 〔美〕威廉·詹姆斯：《心理学原理》，郭宾译，中国社会科学出版社，2009，第244页。
② 参见〔德〕胡塞尔《内时间意识现象学》，倪梁康译，商务印书馆，2009。

二者是不可分割的。我们可以说，只有在这样的解释维度下，才与朱光潜所描述的审美经验真正相符。只有让联想和直觉同时发生，直觉中才包含进去了"创造"的层面，否则"创造"无从谈起；才达到了他后来在《文艺心理学》中"什么叫做美"一章所言的"在美感经验中，我们须见到一个意象或形象，这种'见'就是直觉或创造"。这句描述，也能够合理地解释维特根斯坦所称的，虽然所看的事物相通，但是"看作"并不同于"看"，"看作"本身已经包含了主体不同的反应方式，而主体不同反应方式的差异，只能靠联想作用，才能加以解释。也就是说，必须通过联想作用，把意识中的其他部分融入当下的直觉当中，才能造成个体之间的差异，才能体现"创造性"。

五

现在，让我们进入本文的结论部分。此前，我们已经较为详细地阐述了朱光潜在《文艺心理学》一书中对直觉和联想问题的论证步骤，他把联想排除在直觉之外，乃是由于朱光潜把联想看作知觉能力的基础，联想作用把当下的形象与形象之外的意义做了关联，这就超出了"美感经验是形象的直觉"这个对审美活动的定义。但朱光潜同时也注重实际审美经验的作用，他很明确地看到了联想与审美活动之间的关联是紧密的，如果完全排除了联想活动，则不符合审美经验本身。

在分析联想问题时，朱光潜把它与康德对"纯粹美"和"依附美"的分析进行了联系。我们在此可以看到，朱光潜"美感即直觉"的观念，在很大程度上受到了康德和克罗齐的影响。也就是说，朱光潜对康德纯粹思辨的方式是有所接受的。但与此同时，朱光潜从实际的审美经验出发，又看到了康德的问题，并对他的观点有所突破。我们在《文艺心理学》中"什么叫做美"这个章节中，能非常明确地看到这种突破。

但朱光潜大抵上还是试图对思辨与实证二者进行调和，也就是说，一方面他接受19世纪脱离实际审美经验,仅从人的认识能力进行思辨的考察方式;而另一方面,他又十分关注实际的审美经验,试图把思辨的理论本身与实际的审美经验相结合,从而显示出了一些困境。他著名的关于一棵古松的三种态度的论述,某种程度上体现出了他理论上的含混之处。而朱光潜对于"美感是什么"这一问题的理解,在理论的前后也发生了微妙的转变。

起初,他很肯定地将非直觉的一切能力排除在审美之外,而后他又提出了"审美本身是创造"这一观点,当把创造包含进了审美活动本身时,就无法再将联想排除到审美活动之外来加以谈论了。通过分析,我们可以看到,朱光潜对于联想的观点,是基于传统时间观念的,如果突破这种传统时间观的束缚,把联想融合进了审美当下的直觉之中,将二者认定为同时发生,则更加符合朱光潜对审美经验本身的论述。

诚然,朱光潜对于"直觉与联想"问题的讨论具有不连贯之处。有论者将之称为朱光潜理论体系中的矛盾,并且认为朱光潜始终在掩盖自己理论上的矛盾和缺陷,并且一味地用现象学的观点来衡量朱光潜的理论,仿佛意味着由于朱光潜不懂现象学,所以他的理论就是错误和落后的。根据我们的分析,对于朱光潜"直觉与联想"问题的这种评价显得过于仓促。即使朱光潜未能突破传统的思辨哲学,以及传统的时间观,但他始终坚持从实际审美经验出发,并且他所提出的"审美是直觉和创造"的观念,不仅与胡塞尔现象学,也与维特根斯坦《哲学研究》中的某些观念相通。并且,朱光潜对于每个观点细节的分析都是相当精辟和得当的,他所举的实例亦涉及中西艺术的各个方面。由于篇幅所限,我们对于朱光潜这些论述细节的把握还显得不够具体。对于我们当下的目标而言,我们应很明确地得出如下结论:朱光潜在《文艺心理学》中对于审美的分析,不应被视为照搬19世纪西方观念的过时理论,相反,它在我们当今的时代仍葆有相当的思想活力。

图书在版编目(CIP)数据

中外人文精神研究. 第十五辑 / 孙伟主编. -- 北京：社会科学文献出版社，2022.8
ISBN 978 - 7 - 5228 - 0244 - 2

Ⅰ.①中… Ⅱ.①孙… Ⅲ.①人文科学 - 世界 - 文集 Ⅳ.①C53

中国版本图书馆 CIP 数据核字(2022)第 100659 号

中外人文精神研究（第十五辑）

主　　编 / 孙　伟

出 版 人 / 王利民
责任编辑 / 王　展
责任印制 / 王京美

出　　版 / 社会科学文献出版社
　　　　　　地址：北京市北三环中路甲29号院华龙大厦　邮编：100029
　　　　　　网址：www.ssap.com.cn

发　　行 / 社会科学文献出版社（010）59367028
印　　装 / 三河市龙林印务有限公司

规　　格 / 开　本：787mm × 1092mm　1/16
　　　　　　印　张：13.25　字　数：180 千字

版　　次 / 2022 年 8 月第 1 版　2022 年 8 月第 1 次印刷
书　　号 / ISBN 978 - 7 - 5228 - 0244 - 2
定　　价 / 88.00 元

读者服务电话：4008918866

版权所有 翻印必究